Das Wunder von Wörgl im Jahr 1932 und der Ursprung alles Bösen

Adam Fischer

AF177726

www.tredition.de

© 2023 *Adam Fischer*

Verlag und Druck	tredition GmbH
	Halenreie 40-44, 22359 Hamburg
Foto Titelseite:	Adam Fischer
Einbandgestaltung	Martin Bröchtel

ISBN:

Paperback: 978-3-384-06692-3

Hardcover: 978-3-384-06693-0

Anfang des Jahres 2023 wurde im Deutschen Fernsehen unter dem Titel „Das Wunder von Wörgl" eine gespielte Dokumentation gezeigt über ein Geschehen, das sich Anfang der 1930-er Jahre in Tirol ereignet hatte.

Worum ging es?

Mit dem als „Schwarzer Freitag" bekannten 25. Oktober 1929 an der New Yorker Börse begann eine bis dahin nicht gekannte Weltwirtschaftskrise. Die Geldentwertung galoppierte, die Warenströme gerieten ins Stocken und in der Folge auch die Produktion von Waren. Unternehmen gingen massenweise in Konkurs, die Menschen wurden arbeitslos. Das ganze Wirtschaftsleben kam fast zum Stillstand.

Nicht alle Menschen nahmen das Schicksal wie gottgegeben hin, sondern schritten zur Tat. Ideen dazu existierten bereits. Bürgermeister Michael Unterguggenberger von der Tiroler Marktgemeinde Wörgl hatte Schriften des deutsch-argentinischen Sozialreformers Silvio Gesell gelesen u. a. über einen finanzwachstumsfreien Geldumlauf. Auch das erfolgreich angelaufene Freigeld-Experiment in den niederbayrischen Gemeinden Schwanenkirchen, Hengersberg und Schallnach mit ihren Wöra-Scheinen, hatten ihm Mut gemacht in seiner Gemeinde etwas ähnliches auf den Weg zu bringen. Über diese Freigeld-Experimente wurden damals zahlreiche Schriften verfasst, später auch mehrere Diplom-Arbeiten geschrieben.

Die Inhalte dieser Schrift entstammen sinngemäß dem Buch „Modellversuche mit sozialpflichtigem Boden und Geld" von Werner Onken. (1)

Die Gemeinde Wörgl zählte damals 4200 Einwohner von denen im Frühjahr 1932 400 arbeitslos waren. In der näheren Umgebung gab es weitere 1100 Arbeitslose. Die Gemeinde nahm keine Steuern mehr ein, und infolgedessen nahm ihre finanzielle Situation katastrophale Ausmaße an.

Nach Absprache mit den Entscheidungsträgern der Gemeinde, hatte Unterguggenberger ein kommunales Nothilfe-Programm vorbereitetet. Es hatte den folgenden Inhalt: „Langsamer Geldumlauf ist die Hauptursache der bestehenden Wirtschaftslähmung... Jede Geldstauung bewirkt Warenstauung und Arbeitslosigkeit... Das träge und langsam umlaufende Geld der Nationalbank muss im Bereich der Gemeinde Wörgl durch ein Umlaufmittel ersetzt werden, welches seiner Bestimmung als Tauschmittel besser nachkommen wird als das übliche Geld. Es sollen „Arbeitsbestätigungen" in drei Nennwerten zu 1; 5 und 10 Schilling ausgegeben und in Umlauf gesetzt werden... Um das wirtschaftliche Leben in der Gemeinde wieder aufwärts zu bringen, sollen auch nach einem... Plane öffentliche Arbeiten damit durchgeführt und bezahlt werden." (nach F. Schwarz, „Das Experiment von Wörgl", Bern 1951 (2).

Am 05.07.1932 wurde dieses Programm auf der Sitzung des örtlichen Wohlfahrtsausschusses von allen Parteien einstimmig angenommen. Das neue Zahlungsmittel durfte aber nicht Geld genannt werden, das hätte vermutlich das sofortige Eingreifen der österreichischen Nationalbank zur Folge gehabt. Deshalb wurden es „Arbeitsbestätigungsscheine" genannt. Ebenso wie die deutschen Wöra-Scheine waren sie mit einem Mechanismus ausgestattet, der für einen stetigen Umlauf sorgen sollte. Dazu waren auf der Rückseite der Scheine zwölf freie Felder vorgedruckt. Die Personen, in deren Händen sich die Scheine gerade befanden, sollten an jedem Monatsanfang Klebestreifen auf diese Felder kleben in Höhe von einem Prozent des Scheinwertes. Diese Klebestreifen waren so etwas wie eine Strafgebühr, wenn die Scheine nicht vorher weitergegeben wurden. Tatsächlich bewirkte diese Maßnahme einen stetigen Umlauf der Scheine, ganz anders als die offizielle Landeswährung.

Unterguggenberger hatte das Experiment in Wörgl am 31.07.1932 begonnen, obwohl in Deutschland das Wöra-Experiment schon im Oktober 1931 durch Verordnung des Reichsministeriums verboten worden war. Von diesem Verbot hatte er sich nicht abschrecken lassen. Es hätte immerhin sein können, dass die österreichischen Behörden sich anders verhalten würden.

In Wörgl erholte sich das Wirtschaftsleben erst langsam, um dann aber richtig Fahrt aufzunehmen. Entgegen dem landesweiten Trend nahm die Arbeitslosigkeit rapide ab. Nachbargemeinden wurden darauf aufmerksam und ahmten das Wörgler Experiment nach. Unterguggenberger hielt in Wien einen Vortrag vor 170 Bürgermeistern aus ganz Österreich. Weltweit erregte das „Wunder von Wörgl" Aufmerksamkeit.

Nur eine Institution verfolgte das Geschehen argwöhnisch. Die Österreichische Nationalbank! Sie besaß ein Monopol auf die Herausgabe von Geldnoten. Am 05.01.1933 erging ein Verbot der Wörgl-Scheine. Mehrere Einsprüche von Unterguggenberger wurden abgewiesen. Am 15.09.1933 mussten die Scheine endgültig aus dem Verkehr gezogen werden. Danach ging es in Wörgl wirtschaftlich wieder abwärts. Österreich stürzte infolge weiter zunehmender Arbeitslosigkeit und zerrütteter Staatsfinanzen ins Chaos. Fünf Jahre später fiel das Land dem Nationalsozialismus in die Hände.

Schwanenkirchen und Wörgl waren Beispiele dafür, dass Menschen die Missstände nicht einfach hinnahmen, sondern ihr Leben selbst gestalteten. Das war wohl durchdacht und zeigte erstaunliche Erfolge. Völlig unverständlich waren deshalb die von den Regierungen ausgesprochenen Verbote.

Das von der deutschen Regierung im Oktober 1931 ausgesprochene Verbot lautete wie folgt: „Verordnung zur Sicherung von Wirtschaft und Finanzen und zur Bekämpfung politischer Ausschreitungen." Das klingt wie Hohn und Spott auf die in Schwanenkirchen und den beiden Nachbargemeinden sichtbar gewordenen, unbestreitbaren Erfolge. Wie diese „… Sicherung der Wirtschaft…" dann aussah, zeigte sich bald. Erneut brach das Chaos in diesen Gemeinden aus wie bereits im übrigen Land. Das gleiche wiederholte sich dann in Wörgl.
Der Staat meinte seine Macht demonstrieren zu müssen. Das Monopol der Nationalbank sollte gewahrt bleiben. Der sichtbar gewordene Lichtblick konnte nicht hingenommen werden. Es konnte nicht sein, was nicht sein durfte.

Die damalige deutsche Regierung Brüning hatte mit ihrer Notverordnung für noch größere Not gesorgt. Unaufhaltsam nahm die Arbeitslosigkeit zu und trieb die verzweifelten Massen in die Arme der Nationalsozialisten mit ihren Heilsversprechen.

Rückblickend ist es unverständlich, wie angesichts der katastrophalen Lagen dieser Lichtblick nicht als eine willkommene Möglichkeit heraus aus dem Chaos erkannt wurde. Doch was wissen wir über die unsichtbaren Mächte, die tatsächlich hinter den Verboten standen und wirkten?

Vor der Erfindung des Geldes muss der Warenverkehr mühsam gewesen sein. Es konnte nur Ware gegen Ware getauscht werden. Waren diese in ihren geschätzten Werten unterschiedlich, dürfte sich das oft schwierig gestaltet haben. Welch eine geniale Erfindung war die Einführung des Geldes als Zwischentauschmittel geworden!

Aber: Verfügt ein Mensch erst einmal über einen gewissen Grundstock an Eigenkapital, dann vermehrt es sich bei gekonnter Handhabung von selbst – es wird immer mehr. Von einer gewissen Marke an kann ein solch wohlhabender Mensch alle weitere Erwerbstätigkeit einstellen – das Geld besorgt seinen Zugewinn. Für ihn arbeiten dann die vielen fleißigen Arbeitsbienen, die morgens mit ihren Frühstückstaschen an den Werkstoren stehen. War das der ureigenste Sinn des Geldes als Tauschmittel? Ein System Wörgl hätte da nicht hineingepasst. Was wäre da aus den Aktionären geworden? Doch es war stets vorgesorgt, damit sich die bestehenden Verhältnisse nicht änderten. Der Fall Wörgl hatte es gezeigt.

Immer mehr werden es von diesen Reichen. Auf Dauer kommt diese soziale Schieflage ins Rutschen. Gehorteter Reichtum, der dem Allgemeinwohl nicht wieder zufließt, ist Diebstahl.

Als ich 11 Jahre alt war, unternahm unser Lehrer mit unserer kleinen, einklassigen Volksschule eine eintägige Fahrt gen Norden. Damit der Bus voll wurde, nahmen auch zahlreiche Mütter an dieser Fahrt teil. Nördlichstes Ziel der Reise war Schloss Corvey bei Höxter. Bis dahin hatte ich noch nie ein Schloss zu Gesicht bekommen und viel weniger deren Innengestaltung und Einrichtung. Nicht mal Bilder von solchen Prachtbauten kannte ich. Zu Hause gab es keine illustrierten Zeitschriften, keine Bücher. Das Fernsehen war erst im Entstehen. Kurzum, die heutige Bilderüberflutung existierte noch nicht.

Noch heute ist mir das grenzenlose Erstaunen in Erinnerung, das mich beim Betreten der ersten Prachträume erfüllte angesichts des Luxus und der dargestellten Pracht. Nur mit Filzpantoffeln durften die Räume betreten werden, damit die wertvollen Intarsienarbeiten in den kunstvoll gestalteten Parkettfußböden nicht beschädigt wurden. Bisher kannte ich nur die einfachen Dielenfußböden in den Bauernhäusern

unseres Dorfes. Breite, geworfene Dielen, gelegentlich braun gestrichen, meist roh, die samstags kräftig geschrubbt wurden.

Während dieser Führung durch das Schloss erwähnte die Begleitperson so nebenbei, dass dieses Schloss mit den dazugehörigen Ländereien und Wäldern nur der kleinere Teil des ursprünglichen Gesamtbesitzes sei. Die im Osten gelegenen, größeren Besitztümer, seien durch den verlorenen Krieg ebenfalls verloren gegangen. Dabei habe es sich um zig-zehntausende Hektar gehandelt. Ich war sprachlos! Wie konnte eine einzige Familie über solch immensen Grundbesitz verfügen - ihn ihr Eigen nennen?

Aufgewachsen in einem 200-Seelen-Dorf im kargen Knüllgebirge, war meine Lebenserfahrung geprägt durch die hier bestehenden sozialen Verhältnisse. Die Bauernhöfe hatten unterschiedlich großen Grundbesitz. Da gab es Vollerwerbstätige, die alle Feldarbeit mit Pferden bewirtschafteten. Die Betriebe im Nebenerwerb benutzten dazu ausschließlich gut angelernte Fahrkühe. Die Familienväter dieser Kleinbetriebe gingen alle noch einer weiteren Tätigkeit nach, meist handwerklicher Art. Im Dorf gab es kein einziges Haus in dem keine Landwirtschaft betrieben wurde. Manche besaßen nur eine einzige Kuh, für mehr reichten Land und Wiesen nicht aus.

Aber auch der größte Bauer nannte nur so viel Grundbesitz sein Eigen, wie er mit seiner Familie allein bearbeiten konnte. Anfang des 20. Jahrhunderts war in Amerika die Mähmaschine erfunden worden. Bald besaßen die Vollerwerbshöfe solche Maschinen, wodurch beim Mähen von Wiesen und Getreide die menschliche Arbeitskraft eingespart wurde. Davor arbeiteten auf diesen Höfen oft ein Knecht oder eine Magd mit, wie sie genannt wurden. Doch immer ging der Bauer bei allen Arbeiten voran.

Was ich damals in diesem Schloss hörte, von diesem unermesslichen Besitz, habe ich lebenslang in Erinnerung behalten. Wie waren diese Menschen in solchen Besitz gelangt? Mit ihrer Hände Arbeit? Alles sehr fragwürdig! Sie lebten auf großem Fuß, ließen andere für sich arbeiten und solche Schlösser erbauen in denen ein Heer von Bediensteten alles in Ordnung hielt. Welche Rechte werden diese vielen fleißigen Helfer in Land, Stall, Hof und Haus wohl besessen haben? Der „Herrschaft" rechtlos ausgeliefert.

So sollen nicht nur in Russland die Großgrundbesitzer mit ihrem Grundstücksbesitz auch gleich die Bauern ihr Eigen genannt haben. Leibeigene wurden sie genannt. Vogelfrei! Willkür oder Wohlwollen des Grundbesitzers ausgeliefert. Leo Tolstoi hat mächtig gegen dieses Unrechtssystem aufbegehrt. Alle diese Missstände waren menschengemacht. Sie hatten sich entwickelt unter der Mitherrschaft einer allmächtigen Kirche, die sich zur Tarnung nach außen hin das Etikett christlich umhing. Selbst aber war sie gierig nach Macht, Reichtum, Besitz, Herrschen. So sollen die Kirchen heute zu den größten Grundbesitzern in Deutschland gehören. Wie sind sie wohl zu diesem Besitz gekommen? Hierzu sollte man die Bücher von Karl-Heinz Dreschner lesen.

„Die Erde ist des Herrn„ Ps. 24.1. Das ist gewisslich wahr! Mit nichts kommen wir hier auf der Erde an. Wir sind nur Pächter, Verwalter, aber niemals Eigentümer.
Vom Menschen gemachte Gesetze haben es letztlich ermöglicht, dass der eine unermessliche Ländereien sein Eigen nennt, während ein anderer keinen Quadratmeter der festen Erdoberfläche besitzt. Alles ist parzelliert und genau aufgeteilt.

Manche, wenn nicht die meisten, müssen sich ein paar Quadratmeter in der vierten Etage eines Mietshauses von dem Eigentümer mieten, um einen Platz zu haben, wo sie ihr müdes Haupt hinlegen können. Kommen sie infolge widriger Umstände in derart wirtschaftliche Schwierigkeiten, dass sie die Miete schuldig bleiben, landen manche auf der Straße und „wohnen" unter Brücken: „Wohnungslose". Den Ureinwohnern Amerikas oder Australiens konnte so etwas nicht widerfahren, bevor der weiße Mann kam.

Wie mag das wohl bei den „alten Germanen" gewesen sein?

In der Zeit der Feudalherrschaft war an eine Änderung dieser ungleichen Besitzverhältnisse nicht zu denken. Versuche in dieser Richtung um die „Gleichheit aller Menschen" zu verwirklichen, wurden brutal niedergeschlagen. Erst mit der Aufklärung wurden diese Stimmen lauter und ab 1789 unüberhörbar.

Im Deutschland des 19. Jahrhunderts fand ein Umdenken statt unter dem Begriff Lebensreformbewegung. Einer ihrer bedeutendsten Vordenker war der evangelische Theologe Eduard Baltzer (1814-1887). Für ihn hatte der Umgang mit dem Boden eine schicksalhafte Bedeutung für den Menschen. Die Erde betrachtete er als unveräußerliches Eigentum Gottes, das der Mensch in Privateigentum umgewandelt hatte, um damit zur Ausübung wirtschaftlicher Macht Handel und Spekulation zu treiben. Mit seinen Ideen war er der modernen Befreiungstheologie ein volles Jahrhundert voraus. Den indianischen Kulturen war Privateigentum an Grund und Boden fremd. Sie standen in einer bibelähnlichen Überlieferung „Die Erde ist des Herrn."

Nach den Vorstellungen Baltzers sollte die Erde als ein der gesamten Menschheit zur Lebensgrundlage gegebenes, unverkäufliches Treuhandeigentum behandelt werden. Einzelne Grundstücke sollten die Menschen für Wohn- und Arbeitszwecke in Erbpacht erhalten. Der Mensch als „Gast auf Erden" (Ps 119.19), nur als ihr Pächter. Das lässt mich an eine Weisheit der Aborigines denken: „....unsere Seelen sind nur auf der Durch-reise...", die kein Privateigentum am Boden kannten. Von dem „weißen Mann" wurden sie als Wilde bezeichnet, denen man erst Kultur nahebringen muss.

Die Eindrücke auf Schloss Corvey hatten mich fassungslos gemacht. Wie konnte ein einzelner Mensch einen solch unermesslichen Grundbesitz sein Eigentum nennen? Welch eine Verhöhnung der Lehre des Jesus von Nazareth von Gerechtigkeit und Gleichwertigkeit aller Menschen. Welch eine hohle Phrase: „Christliches Abendland". Nach der Vorstellung Baltzers sollten durch eine Vergesellschaftung des Bodens alle Bodenspekulationen und damit unverdiente Gewinne von Besitzern günstig gelegener Grundstücke unterbunden werden.

Fürstlich lebten die europäischen Adligen auf ihren riesigen Besitztümern. Ihre Ländereien ließen sie von Pächtern bearbeiten gegen eine Pacht, die denen kaum genug zum Leben übrig ließ.

Mit der aufkommenden Industrialisierung wanderten Landarbeiter in die Städte ab und wurden Abhängige der Fabrikherren. Damit waren sie vom Regen in die Traufe geraten, wie es der Volksmund ausdrückt. In den Arbeitervierteln der aufkommenden Industriestätte herrschten katastrophale, menschenunwürdige Zustände. Die Situation, wie sie mit dem Beginn der Industrialisierung entstanden war, hatte es in der Menschheitsgeschichte noch nie gegeben. Somit gab es keine Vorbilder, Beispiele an denen man sich hätte orientieren können, um das Verhältnis zwischen Kapital und Arbeit in geordnete Bahnen zu lenken.

Für die Fabrikarbeiter gab es keine Absicherung bei Krankheit, Unfall, Arbeitslosigkeit, Invalidität, Alter. Als Einzelner war der Fabrikarbeiter machtlos gegenüber den neuen Herren. Wagte es einer sich zu beschweren, hieß es: „Kannst gehen!" Die ersten Bemühungen der Arbeiter sich zusammenzuschließen wurden gewaltsam unterbunden. Stets hielt es staatliche Gewalt mit den Reichen, den Mächtigen. Die Gesetze wurden in ihrem Sinne gemacht.

Die sozialen Missstände waren so verheerend, dass Veränderungen notwendig wurden, um Aufständen vorzubeugen. Mühsam war der Weg der Arbeiterschaft sich zu versammeln und geschlossen auftreten zu können. Träge und schwerfällig wurden soziale Verbesserungen herbeigeführt. Aus diesen menschenunwürdigen Zuständen heraus schrieb Karl Marx sein kommunistisches Manifest. Nach seinen Vorstellungen würde das menschliche Zusammenleben von alleine in Ordnung kommen, wenn erst einmal die Ökonomie in Ordnung sei, so grob vereinfacht. Nach Verstaatlichung von Boden und Produktionsmitteln, sollte die gesamte Wirtschaft zentral gesteuert werden.

Wie allgemein bekannt, scheiterte der Großversuch. Der Gedanke einer zentralen Steuerung widerspricht allem, was uns die Natur vorlebt. Dort ist alles dezentral, kleinteilig und auch auf Vielfalt ausgerichtet. Wo immer der Mensch meint es besser machen zu können als es die Natur uns vorlebt, geht es schief.

Ein weiterer großer Fehler ist Marx unterlaufen durch seine völlige Verkennung der niederen menschlichen Natur, durch seine Feststellung, wenn erst einmal die Ökonomie in Ordnung sei, käme alles andere auch in Ordnung. Durch die folgende Tatsache wird dies deutlich:

In einem der 5-Jahrespläne der KPdSU wurde in Moskau für die fernere Zukunft die Abschaffung des Geldes ins Auge gefasst. Aus einem dann ausreichend vorhandenem Warenkorb würde jeder nur so viel entnehmen, wie er für seinen Lebensunterhalt benötigt. Trotzdem würde jeder seiner Arbeit nachgehen. Die Waren kosten nichts. Doch niemand nimmt mehr aus dem Regal als nötig, etwa um sich etwas Luxus zu leisten. Wir sehen schon, dass dies eine Utopie ist, jedenfalls bei dem Menschenschlag der derzeit noch die Erde bewohnt.

Gäbe es diesen idealen Menschen, dann hätte sich diese Welt bereits vor 2000 Jahren geändert als Jesus seine Lehre den Menschen brachte: „Behandelt die Menschen so, wie ihr selbst behandelt werden möchtet. Alles was ihr anderen antut, wird euch selbst widerfahren!" Diese Regel schließt alle Gebote ein. Diese Regel schließt aus: Betrug, Diebstahl, Lüge, Übervorteilung, falsches Zeugnis und dergleichen. Sie schließt vielmehr gegenseitige Unterstützung und Hilfe ein. Damit gibt es keine Ausbeutung, Unterdrückung, Armut, Reichtum! Gleichwertigkeit aller Menschen!

Nach einer kurzen Zeit des Urchristentums war aus dem Heidentum eine Priesterschaft wieder erstanden, die jetzt den Namen christlich trug, mit der Lehre dieses Christus aber nichts am Hut hatte. Hierzu gibt es zahlreiche entlarvende Bücher. Deshalb wird an dieser Stelle auf weitere Ausführungen verzichtet.

Nur das muss gesagt werden: Jesus hat keinen einzigen Priester eingesetzt. Seine Lehre war Gewaltlosigkeit und Gleichwertigkeit aller Menschen, Freiheit und Mitmenschlichkeit und Gerechtigkeit. Auch sagte er, wer zwei Röcke besitzt, der möge einen an den abgeben, der keinen einzigen hat.

Warum sieht die Welt heute so aus, wie sie ist, trotz nahezu 2000 Jahren Christentum? Ich sage, sie sieht so aus wegen 2000 Jahren falschen Christentums!

Was hat das Beten in diesen vielen Jahren in den Steinhäusern gebracht, in denen Gott angeblich wohnt?
„... Dein Wille geschehe!" Sieht die Welt heute nach seinem Willen aus? Sein Wille geschieht nur, wenn Menschen seinen Willen tun nicht aber im gedankenlosen Herplappern dieser „Formel". Eindeutig sind Jesu Hinweise, dass nur das gelebte Gebet mit Kraft erfüllt ist. Die Betonung liegt bei Jesus stets auf dem rechten Tun, gemäß seinem Liebesgebot.

Bei Paulus findet sich noch das Wort: „Was der Mensch sät, das wird er ernten" (Gal. 6.7.). Es ist ein klarer Hinweis auf das Gesetz von „Ursache und Wirkung". Das Leben der Menschen wird vollständig von diesem Gesetz bestimmt. Es greift zurück auf frühere Erdenleben und bestimmt zukünftige Einverleibungen der Seele. Doch dieses Paulus-Wort steht völlig isoliert da, ohne nähere Erläuterungen. So wurde seine wahre Dimension nicht im Ansatz erfasst und erkannt. Wo dies aber doch geschah, wurde sofort ein Riegel vorgeschoben, um die Wahrheit zu verhindern. Auf den Konzilen von Konstantinopel in den Jahren 543 und 553 nach Christus wurde die Lehre des Origenes, so weit sie zu dieser Zeit noch bekannt war, in

15 martialisch klingenden Bannflüchen verurteilt. Der erste lautet: „Wer die erdichtete Existenz der Seele vor der Menschwerdung und die daraus folgende Notwendigkeit einer phantastischen Heimführung vertritt, den treffe der Bannfluch."

Das Paulus-Wort macht aber ohne die Wiederverkörperung der Seele keinen Sinn. Der obige Bannfluch offenbart den wahren Geist dieses diktatorischen Systems der Kirche. Die Menschheit wurde dadurch in Blindheit gehalten über ihre wahre Existenz und in die Irre geführt.

Erst wenn der Mensch um die tieferen geistigen Gesetze weiß und sie verinnerlicht, wird er die volle Verantwortung für alle seine Lebensäußerungen übernehmen in Gefühlen, Gedanken, Worten, Taten. Dann hat sein Leben Sinn und Ziel gefunden. Er wird sich bemühen selbst Gottes Willen zu erfüllen und nicht mehr nur sagen: „dein Wille geschehe", selbst aber passiv bleiben.

Soweit heute in die Menschheitsgeschichte zurückgeschaut werden kann, bestand fast immer dieses System von Herren und Knechten, Oben und Unten, Herrschern und Beherrschten. Meist galt das Recht des Stärkeren, und der gestaltete das Recht stets zu seinem Vorteil. Als Folge dieser Ungleichheit regierten und regieren Gewaltherrschaft in allen ihren Formen: Ungerechtigkeit, Unterdrückung, Ausbeutung,

Missbrauch, Korruption, Feindschaft, Streit, Diebstahl, Raub, Betrug, Totschlag, Mord, Krieg.

Wo immer Bestrebungen sich Bahn zu brechen suchten, dieses System zu durchbrechen oder zu überwinden, ließ die jeweils herrschende Gewalt, gleich ob staatliche oder kirchlich-religiöse, nicht lange auf sich warten, um solche teils schon im Keim zu ersticken oder letztlich brutal zu zerschlagen. Die Geschichte ist voll davon. Wörgl und Schwanenkirchen nur Fälle unter zahllosen, die wenigstens unblutig ausgingen. Einer der brutalsten Fälle ist die Vernichtung der Katharer in Südfrankreich von 1209-1229. Zu zehntausenden wurden sie hingemetzelt vom Säugling bis zum Greis. Zu diesem Zwecke hatte der damalige Papst eigens ein Heer ausgerüstet (Deschner, „Kriminalgeschichte des Christentums" (3). Dabei hatten diese Menschen nichts anderes im Sinn als das Liebegebot Jesu im Alltag untereinander zu leben. Wo wäre denn Rom hingekommen, wenn das Schule gemacht hätte?

Die Geschichte der Menschheit ist an einem neuralgischen Punkt angelangt, das Fass beginnt überzulaufen. Die Speicher für das Menschheitskarma sind voll. Sie können keine weiteren Übel der Menschheit mehr aufnehmen und beginnen überzulaufen. Mit anderen Worten, alle von der Menschheit als Ganzes jemals begangenen Übertretungen der göttlichen Gesetze, kommen langsam aber sicher immer stärker zur Wirkung. Das vorn erwähnte Gesetz „Was der Mensch sät, das wird er ernten" tritt verstärkt in Aktion.

Die Anzeichen hierfür sind weltweit in allen Bereichen des menschlichen Zusammenlebens nicht mehr zu übersehen. Selbst der die tieferen Zusammenhänge nicht wissende Mensch sagt heute oft: „So kann es doch nicht weitergehen."

Diese Sicht deckt sich interessanterweise mit Aussagen alt-indischer Schriften, den Veden, die zu den ältesten bekannten Schriften der Menschheit zählen. In seinem Buch „Jenseits von Materie" schreibt der Autor Professor Lazar (4) hierzu sinngemäß folgendes: In diesen Schriften ist von einer „dunklen Zeit" die Rede, die nach einem 5000-jährigen Verlauf zu Ende gehen würde. Nach Berechnung der damaligen Astronomie geht dieser Verlauf gegenwärtig zu Ende. Wie aus anderen astronomischen Überlieferungen hervorgeht, muss sich die Astronomie damals auf einem aus heutiger Sicht nicht erklärbaren hohen

Niveau befunden haben. Ähnliche Überlieferungen gebe es von den Mayas, schreibt dazu Lazar.

Das alles wäre noch nicht so erstaunlich und bemerkenswert, würde es nicht zusammenfallen und sich decken mit zahlreichen medialen Kundgaben aus den vergangenen 150 Jahren. Wir kommen noch darauf zu sprechen.

Doch zunächst möchte ich einmal eine entscheidende Frage aufwerfen. Im Alten Testament heißt es, der Ewige habe uns nach seinem Bilde geschaffen. Dieser ewigen All-Intelligenz müssen wir Vollkommenheit zusprechen, die wir als seine Ebenbilder dann doch ebenfalls besitzen müssten. Es bedarf sicher keiner weiteren Erörterung, dass dem ganz und gar nicht so ist.

Woher kommt nun diese Diskrepanz zwischen der alttestamentlichen Aussage und dem tatsächlichen Erscheinungsbild des Menschen? Zur Beantwortung dieser Frage kommen wir nicht umhin sehr viel tiefer in das geistige Geschehen einzusteigen. Doch wo sind die Antworten auf diese „letzten großen Fragen"?

Alle menschliche Forschung endet dort, wo die Möglichkeiten des Messens und Wiegens ihre Grenze finden. Hier tut sich für die sogenannte wissenschaftliche Methode eine unüberwindliche Mauer auf. Materialisten behaupten nun, jenseits dessen würde nichts existieren. Eine große Fehleinschätzung! Johannes

Greber wurde auf medialem Wege mitgeteilt: „Suchet die Wahrheit nie bei irrenden Menschen."

Zu allen Zeiten gab es hellsichtige Menschen, die hinter die Fassade des sinnlich wahrnehmbaren „blicken" konnten. Es gab medial begabte Menschen, die von erstaunlichen Geschehnissen berichteten. Schließlich gab und gibt es jene Lichtboten, die direkt aus jener anderen Welt zu den Menschen gesandt wurden, um sie über ihre Existenz aufzuklären, über das Woher, Warum und Wohin. In der hebräischen Bibel wurden diese Boten Propheten genannt. Ihr Auftrag, die Erdenreise des höchsten Himmelsfürsten vorzubereiten, um ihm die Wege für seine Mission zu ebnen, war am Versagen, vor allem bei dem Geschlecht Davids, gescheitert. Ziel war es, das von Jesaja angekündigte Friedensreich auf die Erde zu bringen. Finstere Mächte verhinderten den Durchbruch der Wahrheit. Die Propheten wurden verfolgt, viele von ihnen umgebracht von der jeweils herrschenden Gewalt. Als schließlich der Himmelsfürst Christus in dem Menschen Jesus zu den Menschen kam, wurde auch er von dem „auserwählten Volk" nicht erkannt, geschweige denn anerkannt. „Kreuzigt ihn" rief das von der Priesterschaft aufgewiegelte Volk. Die Finsternis erkannte, was mit Christi Erdengang für sie auf dem Spiele stand. Sie bot alles auf, um ihn zu Fall zu bringen und sein Vorhaben, die weitere Degeneration des Menschengeschlechtes zu stoppen, unmöglich zu machen. Immer wieder wurden Menschen durch sogenannte „Einflüsterungen" verführt, gegen Jesus falsche Anschuldigungen vorzubringen. Das gipfelte in dem Prozess vor Pilatus, bei dem zahlreiche dieser erfundenen falschen Vorwürfe gegen Jesus vorgebracht wurden.

Was mit Einflüsterungen gemeint ist, wird besonders deutlich in dem Buch „Dreißig Jahre unter den Toten" von Carl Wickland (5). Das war ein in die USA eingewanderter schwedischer Arzt. Er hatte sich mit den Schriften Emanuel Swedenborgs befasst und war von daher überzeugt von der Existenz jener anderen Welt. Seine Frau war medial veranlagt und diente ihm als Medium zur Verbindung mit Bewohnern der Geistigen Welt. Wickland wollte auf diesem Wege seelisch kranken Menschen helfen wieder zu gesunden. Das waren Menschen, die nicht krank im engeren medizinischen Verständnis waren, sondern „besetzt" von Seelen Verstorbener.

In zahlreichen Fällen hatte er Erfolg. Ein besonders krasser Fall einer solchen Besetzung ereignete sich Anfang des zwanzigsten Jahrhunderts in Chicago. Ein niederer, finsterer Geist hatte einen Menschen derart besetzt, dass dieser praktisch willenlos war und schließlich den Willen des Geistes ausführte. So beging dieser Mensch einen Mord im Auftrag des Geistes. Der Mensch wurde gefasst, verurteilt und hingerichtet. Später gab sich der Geist, der wirkliche Täter im Hintergrund, in einer medialen Sitzung von Frau Wickland, hohnlachend zu erkennen. Er habe jenen Menschen nur benutzt, um einen anderen umzubringen. Hochdramatisch die ganze Aufdeckung des Mordes und auch die Geschehnisse während der Gerichtsverhandlung. Nachzulesen in dem im Reichel Verlag erschienenen Buch.

Der Leser, der zum ersten Mal von derartigen Begebenheiten hört, mag erschauern oder daran zweifeln. Doch er mag bedenken, dass der kleine, wenn andererseits auch großartige Menschenverstand, von sich aus niemals etwas über solche Möglichkeiten wissen kann. Von der Gesamtheit alles Möglichen denkbar Existierenden, können die physischen Sinne dem Menschen nur einen kleinen, ja wirklich kleinen, winzigen Ausschnitt vermitteln. Diese Tatsache kann gar nicht deutlich genug ausgesprochen werden.

Deshalb werden manche der bisher verwendeten Begriffe wie dunkle Mächte, Finsternis, Prophet, mediale Begabung, Besetzung, Geistige Welt, vielen Lesern nichts sagen. Jedoch sind es Bestandteile eines gigantischen Geschehens zu dem ich langsam hinführen möchte.

Nach Joh. 16, 12 und 13 sind von Jesus folgende Worte übermittelt: „Ich habe euch noch viel zu sagen, aber ihr könnt es jetzt nicht ertragen. Wenn aber jener Geist der Wahrheit kommen wird, wird er euch in alle Wahrheiten leiten."

Der Mensch vor 2000 Jahren hätte ihn nicht verstanden, wenn er von Wellen, Schwingungen, Frequenzen, Strahlen, Quanten, Genen, Atomen usw. gesprochen hätte. Das war mit „nicht ertragen" gemeint. Dem heutigen Menschen hingegen sind diese Begriffe geläufig.

So findet in unserer Zeit ein in der Menschheitsgeschichte zuvor noch nie dagewesenes Geschehen statt: Der Himmel öffnet sich in Breite und Tiefe, um die Menschen in „alle Wahrheit" zu führen. Derselbe Geist des Christus, der vor 2000 Jahren in dem Menschen Jesus einverleibt war, spricht heute erneut zu den Menschen. Da er aber in keinem Menschenkörper wohnt und somit über keine Sprechwerkzeuge verfügt, bedient er sich eines Menschen, einer Frau, die er seine Mittlerin, seine Prophetin nennt. Jedem mit diesem Gebiet halbwegs Vertrauten wird dies nicht so ungewöhnlich erscheinen, wie es auf den ersten Blick aussehen mag.

Über medial begabte Menschen teilen sich weit mehr Geister mit, als so landläufig bekannt ist. Doch vor diesen Praktiken muss eindringlich gewarnt werden. Teilen sich niedere Geister mit, kann das verheerende Auswirkungen haben, wie wir bei Wickland gesehen haben.

Doch kehren wir zurück zu dem sich heute mitteilenden Christus. Er mache heute wahr, was er vor 2000 Jahren angekündigt hatte. Dass dies gerade in unserer Zeit geschieht, ist alles andere als Zufall. Es fällt zusammen mit dem in den Veden angekündigten Ende der „dunklen Zeit". Es fällt in eine Zeit, in der bereits seit 150 Jahren auf medialen Wegen umwälzende weltweite Veränderungen prophezeit wurden. Es deckt sich mit Beobachtungen der heutigen Weltlage, die auf gewaltige Änderungen schließen lassen.

Immer an kritischen Zeitpunkten, wenn sich die Menschheit auf einen Kipppunkt zubewegte, hatte sich der Himmel geöffnet. Ganz besonders vor 2000 Jahren. Was damals tatsächlich auf dem Spiele stand und erst durch Christi Erlösertat gestoppt wurde, war bis in unserer Zeit unbekannt. Erst durch die Prophetie der Jetztzeit ist alles bis in Einzelheiten bekannt gemacht worden – soweit Menschenverstand überhaupt in der Lage ist, das Gigantische zu erfassen.

Nachgelesen werden kann alles in dem umfangreichen Werk „Das ist Mein Wort" (6) aus dem ich noch zitieren werde, 5. Auflage März 2008, Verlag DAS WORT.

Vorn wurde schon erwähnt, wie die Geschichte der Menschheit geprägt ist von Gewalt und Kampf. Der Mensch scheint vielfach des Menschen Feind zu sein.

Neid, Rechthaberei, Besserwisserei, Unterdrückung usw. bis zu Mord und Krieg.

In unserer Zeit scheint diese Degeneration einem Gipfelpunkt zuzustreben. Da werden sogar Rettungskräfte von Feuerwehr und Arzteinsätzen von einem radikalisierten Mob angegriffen und bei ihren Einsätzen behindert. Ist so etwas noch zu begreifen? Wo ist die Menschheit hingekommen? Mobbing und Gewalt in den Schulen, nicht nur zwischen Schülern, sondern auch gegen Lehrer. Da wird die Polizei zur Schlichtung eines Streites in eine Diskothek gerufen. Was erwartet sie bei ihrer Ankunft? Von zig Menschen wird sie angegriffen und mit Flaschen beworfen! Zahlreiche Polizisten verletzt. Eine bis dahin nicht gekannte Zunahme an Gewaltbereitschaft. Im Internet sei eine zunehmende Verrohung der Sprache festzustellen, hört man.

Im Ötztaler Gletscher wurde vor einigen Jahrzehnten die Leiche eines mehrere Tausend Jahre alten Mannes gefunden, die Leiche des „Ötzi". In seinem Körper fand man die Spitze eines Pfeiles. Daran ist er wohl gestorben. Schon immer diese Gewalt!

Ist das nun der vom Ewigen nach seinem Ebenbild Geschaffene?

Das Zusammenleben der Menschen, ihr Umgang mit der Natur und mit den geschändeten Tieren, scheint in einem Chaos zu versinken. Das steht in einem krassen Widerspruch zu der in der Natur sonst überall zu beobachtenden Ordnung. Der Aufbau eines jeden materiellen Atoms lässt einen wunderbaren Plan erkennen, der zugrunde liegt. Max Planck drückte das schon vor über hundert Jahren sehr deutlich aus. Wie sich schließlich jedes Atom eines Elementes planvoll aus dem vorhergehenden entwickelt hat, lässt mich immer wieder ehrfürchtig erschauern. Vor der grandiosen Intelligenz, die dies alles schuf, wie es das Periodensystem der Elemente sichtbar macht.

Der US-Mikrobiologe Michael J. Behe prägt in seinem Buch „Darwin's Blackbox" (7) den Begriff „Intelligent Design". Er kommt zu dem Schluss, dass sich zahlreiche Formen der sogenannten belebten Natur nicht nach Darwins Vorstellungen entwickelt haben können, nach Selektion und Mutation. Auf die für einen Laien teils schwer verständlichen mikrobiologischen Argumentationen kann ich nicht eingehen.

Ich fasse die Gedanken des M. J. Behe jetzt mal mit meinen Worten zusammen: Es scheint so, als stünde eine höhere Intelligenz hinter allem Gewordenen. Das erregte Aufruhr, teils Empörung bei vielen seiner Kollegen. Manche warfen ihm vor, nun wolle er Gott ins Spiel bringen. Kein geringerer als der geniale Geist eines Goethe, sprach in diesem Zusammenhang von einer „lenkenden Hand". Dabei war Goethe alles andere als ein Kirchenmann. Was aber hat die höchste Intelligenz schon mit einer menschengemachten Kirche zu tun?

Wenn aber in allem Gewordenen eine höchste Intelligenz durchscheint oder sichtbar wird, wie eben dargelegt, dann hat die nicht diesen unvollkommenen Menschen erschaffen. So ist es auch, wie durch die Prophetie der Jetztzeit klar aufgedeckt wird. Die Allintelligenz, die von den Menschen mit unterschiedlichen Namen belegt wird, im Abendland mit dem Wort Gott, schuf uns in seinem ewigen Reich nach seinem Ebenbilde, also als vollkommene, reine Geistwesen. Das Wort Engel vermeide ich. Kein Arg haftete uns an. In vollkommener Harmonie lebten wir mit unseren himmlischen Geschwistern und dem Schöpfer. Nicht eines negativen Gefühls gegen einen anderen waren wir fähig. So etwas existierte einfach nicht. Das muss man sich einmal bewusst machen in seiner ganzen Tragweite. Wie sieht es dagegen mit uns Menschen aus? Das brauche ich sicher nicht näher zu beschreiben. Wie schnell sind wir dabei einen Mitmenschen in Gedanken abzuwerten und sei es nur der Gedanke: „Wie sieht die denn heute aus?"

Alle in dieser Schrift anfangs aufgeworfenen Fragen nach dem Warum, können nur vor dem Hintergrund eines wahrhaft gigantischen Geschehens verstanden werden, welches bereits in der hebräischen Bibel als

Engelsturz bezeichnet wird. Doch alle bisherigen Kenntnisse darüber waren sehr lückenhaft und teilweise falsch und ergaben kein klares Gesamtbild. Die katholische Kirche hat den Engelsturz als Irrlehre bezeichnet, als Häresie. Nach ihrem Verständnis entsteht das, was wir unter Seele verstehen, erst bei der Zeugung eines Menschen. Demnach aber kann es kein Vorher gegeben haben und konnte auch kein Engelsturz stattfinden.

In zahlreichen medialen Kundgaben wird dieses Geschehen ausführlich dargestellt. Besonders hervorzuheben sind die Kundgaben an den katholischen Pfarrer Johannes Greber und die medialen Botschaften durch Beatrice Brunner, übermittelt von einem Geistlehrer mit Namen Josef. Die Botschaften durch Brunner erstrecken sich über eine Zeit von 35 Jahren. Dabei wurden immer wieder Teilaspekte über den Engelsturz bekannt. Prof. Walther Hinz kommt der große Verdienst zu diese Teile verstreut über zahllose Einzelmitteilungen, gesammelt zu haben und gebündelt in seinem Buch „Neue Erkenntnisse über die Schöpfung Gottes" (8) dem interessierten Leser zu präsentieren. Erschienen 1991 im ABZ Verlag, Zürich.

Alles deckt sich weitgehend mit dem, was Johannes Greber schon etwa 40 Jahre früher über dieses Geschehen mitgeteilt wurde. In beiden Fällen wird die Darstellung von Adam und Eva in der Bibel als unzutreffend, um nicht zu sagen falsch, entlarvt.

Durch die Prophetie der Jetztzeit wurde dieses Geschehen in zahlreichen Offenbarungen erläutert. In zahlreichen Büchern wird das Ereignis immer wieder aus etwas anderer Sicht beleuchtet und beschrieben, um es den unterschiedlichen Bewusstseinszuständen möglichst vieler Menschen nahezubringen. Doch menschliche Sprache hat keine Worte für das, was irgendwann seinen Anfang nahm. In den Offenbarungen heißt es auch, die Jenseitswelt sei siebendimensional.

Schon daraus kann geschlossen werden, dass unser auf die dreidimensionale Welt herunter transformiertes materielles Gehirn mit seinem entsprechend eingeschränkten Bewusstsein das gewaltige Geschehen nicht erfassen kann. Was wir erfassen werden, sind immer nur „vermenschlichte" Teilaspekte des Ganzen.

Nach Vergleich der Kundgaben durch Brunner und denen an Greber mit der Prophetie der Jetztzeit komme ich aufgrund einiger unterschiedlicher Aussagen zu folgendem Schluss: Die sich in den beiden ersten Fällen mitteilenden Geistwesen müssen einer hohen Quelle entstammen, möglicherweise den oberen Stufen der Reinigungsstufen. In der heutigen Prophetie hingegen melden sich direkt aus dem Reinen

Sein Gott-Vater selbst, sein Sohn Christus sowie der Cherub der göttlichen Weisheit, ein hoher Himmelsfürst. Auf einen wesentlichen festgestellten Unterschied werde ich an geeigneter Stelle eingehen.

Der Geist des lebendigen Christus gab 1986 durch Gabriele, die Prophetin Gottes, folgende umfangreiche Offenbarung: „Ursache und Entstehung aller Krankheiten" (9). Das Buch dazu umfasst 331 Seiten und ist erschienen im Verlag DAS WORT. Dort mag der interessierte Leser auf den ersten 100 Seiten das Wesentliche über Beginn und Fortgang des Falls nachlesen.

Dagegen möchte ich aus dem Greber-Buch etwas umfangreicher zitieren: „Der Verkehr mit der Geisterwelt Gottes, seine Gesetze und sein Zweck" (10), Johannes Greber, Verlag Leuchterhand, Kindenheim.

„Christus ist der höchste Geist, den Gott in seiner Allmacht schaffen konnte. Er ist in allem sein vollkommenstes Ebenbild, sowie ein geschaffener Geist die Vollkommenheit des Schöpfers besitzen kann. Christus ist also nicht Gott, wie viele heute lehren, sondern der als Erster geschaffene ‚Sohn Gottes', sein höchstes und vollkommenstes Geschöpf."

„Der zweite ‚Sohn Gottes' war der, den ihr mit ‚Luzifer' bezeichnet: der Lichtträger, nach Christus der höchste der geschaffenen Geister, der später von Gott abfiel." (S. 265)

Zusammen mit Christus schuf Gott weitere himmlische Wesen, bestehend aus einem Geistleib. Der Geist selbst in ihnen ist ein Funke Gottes, der je nach Hülle leuchten würde, in die er eingepflanzt wird.

„Es ist dies zwar nur ein Bild. Aber anders als in unvollkommenen Bildern kann euch Menschen das Geistige nicht verständlich gemacht werden." (S. 266)

Ich für mich habe es so verstanden, dass dieser Funke das Leben selbst ist. Damit hat Gott dem Geistleib das Leben eingehaucht.

So wuchs die himmlische Familie immer mehr an unter der Herrschaft Christi, der von Gott als Mitregent über sein Reich eingesetzt war. Diese Herrschaft darf nicht verstanden werden, wie wir sie auf der Erde kennen, wo es meist auf ein Herrschen und Beherrschen hinausläuft. Ein inniges Band der Liebe umschlang und umschlingt immer noch diese große Geisterfamilie. Alle sind Christus ihrem König und damit Gott selbst in Treue zugetan. Für die dort bestehende Harmonie in Glückseligkeit hat menschliche Sprache keine Worte.

Als höchstes Himmelsgeschenk hat der Ewige seinen Kindern den freien Willen mitgeben. Jeder konnte ohne Zwang sein Dasein je nach Veranlagung und Talent frei gestalten. Es soll ein unvorstellbares kreatives Gestalten sein. Manche erschaffen Paläste aus geistigem Marmor und Gold. Nicht um damit zu protzen, sondern zur allgemeinen Freude. Niemand neidet jemandem etwas, weil es kein Eigentum gibt. Alles gehört Gott und daran kommen keine Zweifel auf. Alles, was es auf der Erde in heruntertransformierter materieller Form gibt, gibt es auch dort in geistiger Form – Mineralien, Pflanzen, Tiere und weit mehr.

Doch dann ereignete sich etwas, was eigentlich nie hätte geschehen sollen. Luzifer neidete Christus die Herrschaft über das Reich. Luzifer wollte ein eigenes Reich und selbst herrschen. Wie dieser erste Fallgedanke zustande kam, wird bei Greber bildhaft, menschlich verständlich beschrieben. Es dürfte nach meiner Einschätzung nur ein schwacher Versuch einer Beschreibung sein. In „Ursache und Entstehung aller Krankheiten", erfolgt dies in einer Tiefe, die man nur dort selbst lesen muss. Eine Umschreibung ist mir nicht möglich, weil dazu keine Vergleiche auf der Erde vorhanden sind. Damit bleibe ich bei Greber (S. 268; 269):

„Leider kam die Trennung eines großen Teiles der Geisterwelt von dem Reiche Gottes durch Auflehnung gegen das Königtum Christi. Es war nicht, wie ihr lehrt, eine direkte Auflehnung gegen Gott selbst, sondern gegen den von ihm eingesetzten Statthalter."

„Es war die erste Revolution. Ihr könnt euch die Vorgänge nicht menschlich genug vorstellen. Sie waren dieselben, wie sie bei euren irdischen Revolutionen eintreten. Denn auch bei euren Revolutionen sind es ja nicht die materiellen Körper der Revolutionäre, welche die Pläne zum Aufstand schmieden und zur Ausführung zu bringen suchen, sondern Geister der irdischen Menschen. Und wenn ihr das Entstehen und den Verlauf menschlicher Revolution in ihren Einzelheiten verfolgt, dann habt ihr auch ein der Wahrheit sehr nahekommendes Bild von der ersten Revolution im Geistreich Gottes."

„Alle Revolutionen werden von langer Hand vorbereitet. Sie entstehen nicht plötzlich. Sie gehen von einem Rädelsführer aus, der eine möglichst große Anzahl Gleichgesinnter auf seine Seite bringt, sie in seine Pläne einweiht und ihnen für den Fall des Gelingens hohe Ämter und Machtstellungen als Belohnung in Aussicht stellt. Die in den Plan Eingeweihten bearbeiten zuerst in vorsichtiger Weise, dann immer offener die große Masse des Volkes, ohne die eine Revolution nicht möglich ist. Diese Masse der sogenannten Mitläufer, die bei den irdischen Revolutionen toben und schreien, wissen gewöhnlich gar nicht, worum es sich eigentlich handelt. Sie laufen mit, weil auch andere mitlaufen; sie schreien, weil auch andere schreien. Sie sind daher auch bei weitem nicht so schuldig, wie die Rädelsführer, die ihren Plan in seiner ganzen Tragweite reichlich überlegt und in allen Teilen gründlich vorbereitet haben. Sie wissen genau, was sie wollen. Darum trifft sie auch nach euren menschlichen Gesetzen die schwerste Strafe, während die Masse der Mitläufer viel milder beurteilt und behandelt wird."

„Der Rädelsführer bei der Revolution im Geisterreich Gottes war Luzifer, der zweite Sohn des Allerhöchsten, der Lichtträger, der nach Christus höchste und schönste Geist der Schöpfung Gottes. Und was wollte er? – Er wollte höher hinaus. Er wollte als erster regieren und nicht als zweiter unter der Leitung eines ersten stehen. Er wollte an die Stelle Christi treten und an seiner Statt König sein. Er wollte den Bruder stürzen."

„Dieser Plan kam auch bei ihm nicht plötzlich. Er reifte nur nach und nach in ihm heran, bis er als freier Entschluss und dadurch als vollendete Sünde diesen hohen Geist befleckte." Hiermit begann das <u>Böse</u>.

Gott hat alles kommen sehen und doch nicht eingegriffen. Er ließ seinen Geschöpfen den freien Willen. Ebenso wenig greift er hier auf der Erde ein, selbst wenn Menschen den größten Frevel begehen. Immerhin hätte bei den Rädelsführern ein Gesinnungswandel eintreten und sie zur Umkehr und Rückkehr veranlassen können. Doch das geschah nicht.
Durch Versprechungen wurde die Masse der Mitläufer betört und folgt ihm.

Als sich Luzifer mit seinem Anhang stark genug fühlte, trat er vor Gott um seinen eigenen Herrschaftsanspruch geltend zu machen.

„Als nun der Kampf begann und sich die Scheidung der Geister für oder gegen Christus vollzogen hatte, griff Gott ein. Die Prüfung war vorüber. Der innere und äußere Abfall war vollendete Tatsache. Nun folge die Strafe. Fürst Michael erhielt den Befehl, mit den treugebliebenen Legionen seines Streitheeres die Rebellen zu stürzen. Mit Gottes Kraft ausgerüstet, führte er den Befehl aus. Furchtbar war das Schicksal, das zunächst den einstigen Lichtträger und die mit ihm vereinten Miträdelsführer traf. Sie wurden in die tiefsten Sphären der Schöpfung verwiesen, von deren Finsternis und ihren Schrecken ihr euch auch nicht ein annäherndes Bild machen könnt. Auch vermag ich dir nicht zu erklären, wie diese Tiefen der Finsternis aufzufassen sind nach dem wirklichen Begriff ihres Seins. Das gilt ja auch von eurer irdischen Finsternis. Ihr erfahret zwar, dass dort Finsternis eintritt, wo das Licht vollständig schwindet. Und je mehr das Licht schwindet, umso größer die Finsternis. Sie entsteht also durch Entziehung des Lichtes. Aber worin sie besteht, dafür fehlen euch die Begriffe. Ferner wisst ihr ebenfalls aus Erfahrung, dass alle Farben zusammengemischt das Weiß ergeben und daß im Lichtstrahl alle Farben enthalten sind: daß ferner das Schwarz nichts anderes als das Fehlen aller Farben ist. Übertrage diese eure menschlichen Erfahrungen auf den Ausschluß der gefallenen Geisterwelt aus dem Bereich jeglichen Lichtes und dadurch auch jeglicher Farbe, und du ahnst, wie undurchdringlich diese Finsternis sein muß, wenn du auch nicht weißt, was die Finsternis ihrem Begriff nach ist." (S 270)

„Die Schilderung der Geisterschöpfung und des Abfalles eines Teiles der Geisterwelt war in ähnlicher Weise, wie ich sie hier wiedergegeben, auch als erster Bericht in der Urbibel enthalten. Später wurde er daraus entfernt." (S. 271)

Wie vorn schon erwähnt, muss ich an dieser Stelle auf einen deutlichen Unterschied hinweisen zwischen den Kundgaben an Greber und was die Prophetie der Jetztzeit sagt. Hier heißt es: **„Gott straft nie"**. Aufgrund ihrer eigenen gegen Christus und damit auch gegen Gott gerichteten Gedanken, war ihr Verbleib im Reich Gottes nicht mehr möglich. Menschlich ausgedrückt würde ich sagen, das sei dort wie naturgesetzlich vorgegeben. Die Fallwesen hatten sich selbst aus diesem Reinen Sein ausgeschlossen. Der Auszug muss sich über unvorstellbar lange Zeiträume hingezogen haben.

Viele Menschen betrachten alles Leid, das ihnen auf der Erde widerfährt in allen den Formen die das Leben dazu bereithält, als eine Strafe Gottes. Doch es ist alles nur auf das Gesetz von „Ursache und Wirkung" zurückzuführen. Es heißt auch: „Was der Mensch sät, das wird er ernten." Alles wird genauestens gewogen, gemessen und registriert. Nichts wird vergessen. In diesem Gesetz liegt Gottes absolute, unbestechliche Gerechtigkeit. Alles was der Mensch verursacht, muss er wieder zurückzahlen – bis zum letzten Heller, heißt es.

Nach den Schilderungen durch Greber erhebt sich nun die Frage nach dem Warum dieses Abfalls von Gott. Ihm wurde mitgeteilt, es war so, wie es auch oft bei den Menschen anzutreffen ist: **Das Streben nach mehr!**

Wer viel hat, möchte immer mehr haben. Wessen Macht groß ist, der möchte sie noch weiter steigern. Luzifers Sinnen war hochfahrend geworden. Das „Ich will nicht dienen, ich will herrschen" hat den Sturz herbeigeführt, so Greber.

„Und was geschah mit der großen Zahl von Mitläufern? Sie waren ja bei weitem nicht so schuldig wie die Schar der Rädelsführer. Gott straft nur nach dem Maße der Schuld. Es wäre daher Unrecht gewesen, wenn Gott sie zusammen mit Luzifer in dieselbe Tiefe der Finsternis geworfen hätte." (S. 272)

Sinngemäß geht es bei Greber weiter bis S. 275:
„Mit diesen Mitläufern verfuhr Gott sehr gnädig", heißt es. Sie wurden in eine Sphäre versetzt, die dem Paradies der Bibel entspricht, mit einem wunderschönen Garten mit allem, was das Herz begehrt. Dieses Paradies befindet sich aber nicht auf der Erde wie es die Menschen ausgelegt haben, **denn eine materielle Welt gab es damals noch nicht.**
In dieser geistigen Sphäre war der geistige Odleib der Fallwesen schon eingetrübt und verdichtet. Dadurch war ihre Erkenntnisfähigkeit geschwächt und die

Erinnerung an ihr früheres Dasein war ihnen genommen. Sie kannten nur noch das derzeitige Dasein. Es war bereits so wie später bei den Menschen, die nur ihr derzeitiges Leben kennen und keine Rückerinnerung an frühere Daseinsformen besitzen. So glauben die meisten Menschen, sie seien bei ihrer jetzigen menschlichen Geburt zum ersten Mal ins Leben getreten. Aus dieser geistigen Sphäre wäre den Fallwesen eine ungleich leichtere Rückkehr in das Ewige Reich möglich gewesen als den zutiefst Gefallenen. Dafür hätten sie sich aber jetzt an bestimmte Verbote halten müssen, die ihnen zur Prüfung auferlegt worden waren. Doch die Fallwesen konnten die Verbote nicht begreifen. Aus freiem Willen hätten sie sich dafür entscheiden müssen. In der Bibel wird dieses Verbot mit dem Bild einer verbotenen Frucht dargestellt. Unter den Scharen der Gefallenen im Paradies ragte Adam infolge seiner großen geistigen Fähigkeiten besonders hervor. Seine Stellungnahme zu den auferlegten Verboten war damit für alle ausschlaggebend.

Um diese Gefallenen bemühten sich gottestreue Scharen aus dem Himmel, um sie zu Standhaftigkeit und Einhaltung der göttlichen Gebote zu bewegen. Genauso ist es auch heute noch auf der Erde unter den Menschen. Andererseits waren auch die finsteren Mächte der Tiefe – die zutiefst Gefallenen – um sie bemüht. Durch die verlockendsten Vorspiegelungen ließen sie eine Missachtung der auferlegten Verbote als das Beste für sie erscheinen. Es war damals schon der Kampf zwischen Licht und Finsternis wie er heute noch auf der Erde tobt. Zwischen Gut und Böse. Das Böse machte sich zuerst an Adam heran, um ihn zu Fall zu bringen. Dann würden alle anderen folgen. Dazu benutzte das Böse das weibliche Dual von Adam, das in der Bibel als Eva benannt wird. Eva fiel den Verlockungen zum Opfer und brachte auch Adam zum Abfall. In der Bibel steht der Apfel als Symbol für dieses Verbot.

Bei Greber wird dies als der **zweite Fall** bezeichnet. Damit war die Chance für eine schnelle Rückkehr vertan. Vielmehr standen diese einstigen Mitläufer nun mit dem Rädelsführer auf einer Stufe. Sie waren den Verlockungen Luzifers erlegen und standen fortan unter seiner Herrschaft. Niemanden entließ er. Auch die nicht, die ihren Fehler einsahen und bereuten und gern zurück wollten.

Auf S. 281 heißt es bei Greber weiter, kein Mensch könne sich eine Vorstellung machen von der Größe des Zeitraumes, der vergangen ist seit Beginn des Geisterfalls bis zu dem Tage an dem der erste gefallene Geist reif war, als Mensch verkörpert zu werden.

Auf S. 284 heißt es bei Greber auch, Gott habe die beiden Geister mit den Namen Adam und Eva, einst vor ihrem Abfall, nach seinem Bilde geschaffen. Aber das war nicht nach der Erschaffung der materiellen Erde mit allem was sie trägt. Das bezieht sich auf ihre Schöpfung als Geister. Wenn Gott etwas nach seinem Bilde schafft, dann kann das nur Geist sein, weil Gott selbst Geist ist.

Soweit einige Zitate und sinngemäße Wiedergaben aus dem Greber-Werk zu den Anfängen des Engelsturzes.

Nun möchte ich näher darauf eingehen, was sich während des weiteren Fallgeschehens ereignet hat. Diese Schilderungen entstammen verschiedenen Offenbarungen und auch Versammlungen mit Gabriele, an denen ich persönlich teilnehmen konnte. Sie kommen aus meiner Erinnerung. Deshalb ist mir in vielem keine genaue Quellenangabe möglich. Dort wo ich Informationen aus dem umfangreichen Werk „Das ist Mein Wort" entnehme, werde ich darauf hinweisen. Dieses Buch ist erschienen im Verlag DAS WORT und umfasst in der von mir verwendeten 5. Auflage 1100 Seiten. Gegeben wurde es von Christus selbst durch seine Mittlerin Gabriele im Jahre 1989.

Wie schon erwähnt, griff Gott in das Fallgeschehen nicht ein. Wegen des freien Willens, den er allen seinen Geschöpfen mitgegeben hatte, ließ er es geschehen. Sein Ansinnen war aber von Beginn an, sie alle wieder heim zu holen in sein Reich. Zum Überleben gab er ihnen eine bestimmte Menge Energie mit, auch Fallenergie genannt. Dazu gehörte auch die ihnen aus dem Himmel bekannte Umgebung wie Mineralien, Pflanzen, Tiere, Landschaften mit Bergen, Tälern usw. Jedoch war alles jetzt nicht mehr aus reinem „geistigen Stoff", sondern war heruntertransformiert, verdichtet und immer weniger durchlässig für Gottes allgegenwärtigen Strom.

Mit dem ersten Fallgedanken von Luzifer war erstmalig in der ganzen Schöpfung das Gegensätzliche, das Ungöttliche in die „Welt" getreten, das Böse. Mit fortschreitendem Fall führte das zu immer weiterer Degeneration. Nun hieß es nicht mehr miteinander und füreinander, sondern gegeneinander. Das sollte später in höchst verdichteter Form, der Materie, auf Höchstform auflaufen.

Im Reinen Sein gibt es das Prinzip von Senden und Empfangen. Jeder empfängt, was er aussendet. Da dort aber jedes Geistwesen nur Reines, Edles, Positives aussendet, empfängt es wieder nur Entsprechendes. Mit dem Fall änderte sich dieses Himmelsgesetz nicht. Da die Fallwesen jetzt aber zunehmend Gegensätzliches aussandten, gegen den Nächsten gerichtet, empfingen sie selbst wieder ihre eigene Saat, also Negatives. Alles was von ihnen ausging, empfingen sie auch wieder. In den Naturwissenschaften wird dieses Gesetz heute als Ursache-Wirkung-Gesetz bezeichnet. Hier gilt es nur für die materielle Welt, ist in Wahrheit aber universell und gilt allumfassend.

Mit zunehmendem Fall schritt die Degeneration voran. Um die einst reinen Wesen hatte sich ein immer dichter werdender Schatten gelegt, der immer undurchlässiger wurde für Gottes alles erhaltenden Urstrom. Schon lange wussten die Fallwesen nicht mehr, woher sie kamen und wer sie in Wahrheit waren. Im Paradies hatte diese Trübung des Bewusstseins bereits bei den sogenannten Mitläufern eingesetzt.

Die vorn beschriebenen, gegensätzlichen Verhaltensmuster des Menschen haben sich nicht plötzlich so herausgebildet. Es war ein langer Prozess, der sich während des Fallgeschehens immer weiter entwickelte. Mit diesem Gegensätzlichen ist alles gegen Gottes Gesetze gerichtete gemeint, man kann es auch **das Böse** nennen. Das alles ist nichts anderes als Gottferne.

Herrschaftsstrukturen mit Gewaltausübung bildeten sich während des Fallgeschehens heraus. Einer war des anderen Feind. Wie erwähnt, hatte der Ewige seinen Fallkindern ihre gewohnte Umgebung aus dem Himmel mitgegeben, so auch Tiere als Gefährten der Geistwesen. Im Reinen Sein – auch Himmel genannt – hatte der Ewige seinen voll entwickelten Geistkindern, die ebenfalls aus einem Geistkörper bestehenden Tiere als Gefährten zur Seite gestellt. Diese teilentwickelten Tierseelen schauten zu ihren voll entwickelten großen Geschwistern auf, wollten ihnen dienen und Gefährten sein, schauten ihnen manches ab und ahmten es nach. So nimmt es kein Wunder, dass zahlreiche Tiere während des Fallgeschehens dieses gegensätzliche Verhalten der Fallwesen langsam übernahmen. Es wird dann als Raubtierverhalten bezeichnet, ging in Wahrheit aber von den Fallwesen selbst aus.

Um das recht zu verstehen, muss man sich an einige Aussagen von Greber erinnern. In den tiefsten Tiefen der Fallsphäre würde ein unvorstellbares Grauen herrschen, das nicht mal mit Hölle zu beschreiben sei. So gingen die Wesen dort miteinander um. Es fehlte nur noch der Mord, der dort nicht stattfinden konnte, weil es nicht Vollmaterie war. Offenbar wurde so eine Möglichkeit dort aber schon eingeübt, denn in der Vollmaterie ist er an der Tagesordnung, der Mord.

Ist es ein Wunder, wenn solch ein Verhalten auf die Tiere abfärbte? Inkarnieren sich solche Tierseelen in der Materie hier auf der Erde, bringen sie dieses Verhalten gleich mit. Auf keinen Fall wurde ihnen aber dieses vom Menschen so bezeichnete „Raubtierverhalten" von Gott eingegeben. Das aber meinen die meisten Menschen. „Gott hat sie doch so geschaffen.", wurde mir schon oft gesagt. „Warum soll ich dann kein Fleisch essen?", war die vermeintlich logische Konsequenz. In Wahrheit zeige dieses sogenannte Raubtier dem Menschen nur sein eigenes Verhalten auf. Es spiegelt ihm zu, wie tief er gefallen ist, das heißt, wie weit er sich von Gott entfernt hat. Doch das erkennt der Mensch nicht. Jedenfalls will er das so nicht gelten lassen. Er spricht dem Tier zu, was er in Wahrheit selbst ist, denn kaum ein Lebewesen auf der Erde ist vor ihm sicher.

Die Wissenschaften bezeichnen ein Ereignis, das sich vor 13,6 Milliarden Jahren zugetragen haben soll, als Urknall. Das ist eine Hypothese. War das der Beginn des materiellen Universums? Jedenfalls hat sich aus dem anfänglichen einzig vorhandenen materiellen Grundstoff mit Namen Wasserstoff, alles weitere entwickelt. Taucht man in diese weitere Entwicklung tiefer ein, dann ist eine kaum glaubliche, bewundernswerte Ordnung festzustellen. Nach meinem Verständnis schließt die allen Zufall aus. Alles, was die Erde inzwischen hervorgebracht hat und trägt, kann als ständige Wandlung des ersten, am einfachsten aufgebauten Wasserstoffes angesehen werden. Jedenfalls war dieser erste Stoff bereits so angelegt, dass alles weitere sich daraus entwickeln konnte. Bei aller naturwissenschaftlichen Erklärbarkeit aller folgenden Schritte vom H-Atom bis zur „genetischen Strickleiter" grenzt das für mich an das Wunderbare.

Mit der Bildung der Materie hatte der Fall seine höchste stoffliche Verdichtung erlebt.

In einem seiner Bücher schreibt der Neurologe und bekannte Wissenschaftsjournalist Prof. Hoimar von

Dittfurth die Erde sei gewiss nicht entstanden, um den Menschen hervorzubringen. Worauf gründet er diese Behauptung? Woher will er das wissen? Es ist nichts anderes als seine persönliche Meinung. Dem steht eine Aussage der Prophetie der Jetztzeit entgegen, wonach die gesamte materielle Schöpfung eine Zulassung des Alleinen ist, um die Menschwerdung der Fallwesen zu ermöglichen.

Der Klarheit halber sei hier einmal die allgemeine Abstufung von Stofflichkeit benannt:

- Im Reinen Sein ist alles **feinstofflich**.

  Alles ist aufgebaut aus geistigen Atomen und kann nicht näher beschrieben werden

- In den Fallebenen erfolgte eine stoffliche Verdichtung. Alles was hier existiert, auch die Seele, ist **feinerstofflich**.

- Bei der Vollmaterie, der höchsten Verdichtung, wird von **grobstofflich** gesprochen.

Bei genauer Betrachtung ist diese Grobstofflichkeit aber gar nicht so dicht, wie es den Augenschein hat. Rutherford beschoss Anfang des 20. Jahrhunderts eine extrem dünne Goldfolie mit Heliumkernen und machte folgende Beobachtung:
Ein Großteil der Kerne konnte die Folie ungehindert passieren, so als würde sie nicht existieren. Ein Teil

wurde abgelenkt und ein geringerer Anteil direkt zurückgeworfen. Er schloss daraus, dass ein Großteil dieser Goldfolie aus leerem Raum bestehen müsse. Diese zwischen 1911 bis 1913 von Rutherford durchgeführten Streuversuche erlangten internationale Berühmtheit und begründeten die moderne Atomphysik.

Gehen wir einmal davon aus, die Vollmaterie habe sich mit dem Urknall gebildet – was keinesfalls bewiesen ist. Damit bestünde sie erst diese 13,6 Milliarden Jahre. Ein Nichts gegenüber dem Zeitraum seit der Fall begann. Der ist von keinem Menschenhirn zu benennen. Doch seit der Erlösertat des Jesus Christus ist die weitere Degeneration gestoppt und die Fallkinder können sich auf die Heimreise begeben. Eindeutig hierzu sind die heutigen Offenbarungen. Am Ende dessen, was Menschen Zeit nennen, wird der letzte Gefallene wieder in seiner Urheimat angekommen sein. Manche religiösen Gruppen verneinen dies. Aus persönlichen Gesprächen mit Mitgliedern solcher Gruppen ist mir bekannt, dass manche sich für die Auserwählten halten und die große Masse für alle Ewigkeit verloren sei. Ja wo werden die denn dann alle sein? Sich in Nichts auflösen oder ewige Höllenqualen erleiden? Zu solchen extremen Einstellungen gibt es nichts weiter zu sagen. Allenfalls, was wäre das für ein liebender himmlischer Vater, der für alle Ewigkeit seine Kinder solchen Höllenqualen aussetzen würde.

Das ganze Geschehen des Falls liegt jenseits menschlichen Begreifens. Nur in Bildern – wie mehrfach gesagt – kann man ihm sich etwas nähern. Wenn Sie, liebe Leser, einmal die Grenzen ihres Verstehens oder Erkennens ausloten möchten, dann befassen Sie sich eingehend mit der Quantenverschränkung und dem Quantenradierer.

Als die ersten beseelten Menschen diesen Planeten betraten, brachten sie die in der Unterwelt trainierten gewalttätigen Herrschaftsstrukturen gleich mit. Sie waren darin gut vorbereitet und eingeübt. Das betraf die kleinste mögliche Gemeinschaft von nur zwei Menschen bis zu großen sozialen Gebilden, wie Sippen oder gar Staaten. Streit, Lüge, Betrug, Gewalt usw. war von Anfang an ständiger Begleiter.

Die Degeneration setzte sich auf diesem Wohnplaneten Erde fort. Damit das künftig auch so bleibt, sich eher noch verschlimmert, dafür sorgten und sorgen die zutiefst Gefallenen aus den unteren und untersten jenseitigen Sphären. Die Menschen jedoch merken nicht, was ihnen eingeflüstert wird, und wie sie verführt werden, so wie wir es bei Dr. Wickland gesehen haben. Diese Einflüsterungen haben eine lange Tradition. Sie begannen bereits bei Eva. Die Dämonen aus der Unterwelt setzen alles daran, dass ein Mensch nach einem Erdenleben nicht aufsteigt, sondern wieder zu ihnen in die unteren Sphären zurückkehren muss.

Dagegen haben Gottes Boten aus dem Licht, die sich ebenso um die Menschen bemühen, wenig Aussichten. Sie möchten auf die Menschen einwirken durch einen gottzugewandten Lebenswandel aus dem Sumpf herauszufinden und die Heimreise anzutreten. Der Zustand dieser Welt zeigt die Erfolglosigkeit ihres Bemühens. Die Propheten der hebräischen Bibel waren solche herausragenden Himmelsboten. Doch sie wurden von den jeweils Herrschenden in Staat und Religion sofort erkannt, verfolgt und meist umgebracht. Ihre Mahnungen störten das bestehende Herrschaftssystem der Gewalt.

Fortschreitender Fall hieß immer weitere Degenerationen. Die vom Ewigen seinen Fallkindern mitgegebene Energie wurde langsam aufgebraucht. Damit strebte alles einem Kipppunkt zu, ab dem sich die Schöpfung aufgelöst hätte. Es wäre das eingetreten, was fernöstliche Seher oder Weise schon vor Jahrtausenden hatten kommen sehen, das Nirwana, die Auflösung im Nichts.

Immer an kritischen Zeitpunkten hatte sich der Himmel aufgetan und seine Boten zur Erde gesandt. So war es auch vor 2000 Jahren. Der höchste Himmelsfürst nahm Menschengestalt an. Er verleibte sich in dem Menschen mit Namen Jesus ein. Auf dieses Geschehen und worin die Erlösertat wirklich bestand, bin ich näher in der Schrift „Das Missverständnis von

Jesu Opfertat" eingegangen. Hier sei nur so viel gesagt: Der Fall wurde gestoppt und damit die weitere Degeneration unterbunden. Die bisherigen Fallsphären wandelten sich in Aufstiegsebenen um.

Damit war allen Gefallenen erstmals der Weg zurück in das Reich Gottes möglich. Aus seinem Reich des Schreckens und Grauens hatte Luzifer bis dahin niemanden ziehen lassen, auch die nicht, die dies gerne wollten, weil sie ihren einstigen Fehltritt inzwischen bereuten. Doch dieser Heimweg sollte kein Spaziergang werden. Aus freiem Willen hatten sie das Reich Gottes verlassen und Gott die Treue gebrochen. Aus freiem Willen mussten sie nun mit Entschiedenheit wieder ihr Ja geben. Nicht nur dem Worte nach. Das musste durch die Tat belegt werden, indem sie sich an Gottes Gesetze hielten. Dazu bedarf es aber der Prüfung und deshalb war es Luzifer und seinen Vasallen auch fortan weiter gestattet, die Menschen in Versuchung zu führen. Sie liegen in den vielfältigen Verlockungen dieser Welt, denen die Menschen meist nicht widerstehen. Der Zustand dieser Welt offenbart es. Ausführlich beschrieben in „Das ist Mein Wort".

Nur wenige Seelen scheinen nach einer Erdenreise herauszufinden aus dem Rad der Wiederverkörperung. Wäre die Welt sonst so überbevölkert? Gott lässt zwar die wiederholten Einverleibungen der Seele zu, er wünscht sie aber nicht. Vielmehr möchte er, dass die Menschen durch ein bewusstes, gotterfülltes Leben nach Jesu Liebesgebot herausfinden und den Weg aufwärts, heimwärts gehen.

Die ständig wiederholten Einverleibungen ohne jeglichen Fortschritt in der Aufwärtsentwicklung machen keinen Sinn. Deshalb heißt es heute unmissverständlich: Das Tor zur Erde wird geschlossen! Das wird nicht schlagartig geschehen. Wenn aber die Erde nach den bevorstehenden Umwälzungen in einen „angehobenen" Zustand versetzt wird, ist es vorbei mit den Einverleibungen von schwer und schwerst belasteten Seelen.

An dem Desaster der letzten 2000 Jahre tragen die Kirchen, besonders die römisch-katholische, eine Mitschuld, wenn nicht die Hauptschuld. Sie lehren nicht das, was Jesus wirklich gelehrt hat. Ihre falschen Lehren führen die Menschen geradezu in die Irre. Damit betätigen sie sich als Handlanger der Unterwelt.

Hatte Jesus zu seiner Zeit nicht auch zu den Schriftgelehrten und den Priestern gesagt, sie hätten den Vater von unten, den Teufel, zum Vater? Eine ihrer größten Fälschungen – um es nicht Lüge zu nennen – ist ihre Behauptung, mit seiner Erlösertat habe er alle Sünden der Menschen hinweggenommen, wenn sie nur an ihn glaubten. In seinem Werk „Das ist Mein Wort" sagt er dazu heute (1989): *„Keiner soll sagen, einzig durch den Glauben an mich, den Christus, würden ihm* *seine Sünden genommen. Wer seine Sünden nicht erkennt, wer nicht bereut und dadurch weiterhin sündigt, der bleibt ein Sünder. Meine Erlösertat wird ihm die Sünde nicht nehmen."* (S. 913)

Mit Sünde ist jede Lebensäußerung gemeint, die mit den göttlichen Gesetzen der Nächstenliebe nicht im Einklang stehen. Bereits ein gehässiger Gedanke gegen einen Mitmenschen ist eine Sünde, wird registriert und gespeichert, sowohl in der Seele wie im kosmischen Speicherwerk Gottes.

Was vom Menschen zu „Lebzeiten" selbst nicht wieder gut gemacht und bereinigt wird, fällt nach dem Karma-Gesetz unerbittlich wieder auf ihn zurück. Jedoch **kann** durch eine konsequente, gottzugewandte Lebensführung nach Jesu Lehren, eine Seelenbelastung gemildert oder gar aufgehoben werden. Es heißt „kann", muss also nicht zwangsläufig. Das hängt auch wieder davon ab, ob der einst Geschädigte dem Verursacher vergibt. Denn nur dann vergibt auch Gott. Das heißt, die Gravur in der Seele wird gelöscht. Warum ist das so? Weil Gott auch diesem Geschädigten den freien Willen gegeben hat, sich so oder so zu entscheiden. Darüber setzt er sich nicht hinweg.

Mit dieser kurzen Schilderung sollte lediglich angedeutet werden, wie komplex die Zusammenhänge sind und nicht mit wenigen Worten erklärbar. In „Das ist Mein Wort" wird ausführlich darauf eingegangen.

Wäre ich boshaft, könnte ich jetzt nur noch sagen: Allein ein katholischer Priester kann das Wunder vollbringen, durch seine Absolution die Sünde von einem Menschen hinweg zu nehmen.

Nimmt man alle Zeichen zusammen, dann kommt man nicht an dem Schluss vorbei, dass sich etwas zusammenbraut. Einige dieser Zeichen möchte ich gern benennen.

In den 1850-er Jahren wurde dem Grazer Schreibmedium Jakob Lorber in die Feder diktiert das materialistische Weltbild strebe einem Höhepunkt zu. Alle wahre Geistigkeit drohe zu ersticken. In seinem 10-bändigen Werk „Das große Evangelium des Johannes" (11) Bd. I S. 72 ist zu lesen: „...die Machthaber werden sich der Menschen wie Tiere bedienen und werden sie ganz kaltblütig und gewissenlos hinschlachten lassen, so sie sich nicht ohne alle Widerrede dem Willen der glänzenden Macht fügen werden... Es werden bis dahin von nun an (gemeint ist die Zeit Jesu, d. Vf.) noch tausend und nicht noch einmal wieder tausend Jahre vergehen." Damit dürfte sich die Aussage auf das 20. Jahrhundert mit den beiden Weltkriegen und die Tyrannen Stalin und Hitler beziehen.

Lorber spricht von bevorstehenden großen Umwälzungen, die eine unvorstellbare Trübsal mit sich bringen und das Ende des jetzigen technischen Zeitalters herbeiführen. In „Das ist Mein Wort" sagt Christus auf Seite 695 sinngemäß folgendes: Wer den Zustand der heutigen Welt (1989) betrachtet und von

den Menschenschicksalen weltweit hört, kann unschwer erkennen, dass dies untrügliche Vorboten gewaltiger Veränderungen sind, und die Menschheit mitten in der Auflösung der alten, sündhaften Welt steht.

Solange die Menschen jedoch nicht unmittelbar selbst von solchen Ereignissen betroffen sind, nehmen sie nur selten Notiz davon. „Das ist weit weg und betrifft uns nicht."

Kommen wir nochmals auf Lorber zurück. Schon seine Berufung zu dieser medialen Tätigkeit ist geheimnisvoll. Am 15. März 1840 wollte er dem Theater in Triest mitteilen, dass er die ihm dort angebotene Stelle des zweiten Kapellmeisters annehme. Doch am frühen Morgen dieses Tages vernahm er eine Stimme, die aus der Nähe seines Herzens zu kommen schien und ihm befahl: „Nimm deinen Griffel und schreibe!"

Nachdem er alles, was er an diesem Tage vernommen und niedergeschrieben hatte, war ihm bewusst geworden, dass dies ein ganz außergewöhnlicher Auftrag aus jener anderen Welt war, zu dem er nicht nein sagen konnte. Obwohl es mit seinen Aufgaben am Theater nicht vereinbar war. Daraufhin sagte er das außergewöhnlich günstige Angebot ab und führte fortan ein sehr bescheidenes Leben. Seinen Lebensunterhalt verdiente er sich durch die Erteilung von Klavierunterricht. Er entsagte der Ehe und bewohnte lebenslang ein Zimmer in Graz.

Würden sich Lorbers Kundgaben nur auf das Nichtbeweisbare beziehen, wie beispielsweise auf die wahre Lehre des Jesus, dann könnte alles leicht mit einem Handstreich als Phantasterei oder Schwindel vom Tisch gewischt werden. Nun hatte er aber über technische und naturwissenschaftliche Sachverhalte geschrieben, die zwar zu dieser Zeit noch unbekannt waren, sich aber durch ihre späteren Entdeckungen als vollkommen richtig erweisen sollten. Damit waren unwiderlegbare Fakten geschaffen. Doch es wurde alles Mögliche konstruiert, weil nach dem Weltbild nicht sein konnte, was nicht sein durfte.

Sich mitteilende Geister – welche Hirngespinste, reine Halluzinationen! Es sei tiefenpsychologisch zu erklären. Doch wie hätten Halluzinationen den tatsächlichen oder zumindest modellhaften Aufbau des Atoms beschreiben können, wie es erst etwa 50 Jahre später durch Nils Bohr geschah? Wie die Zerfallszeit des Higgs-Teilchens (natürlich mit anderem Namen) angeben, wie sie 2015 im CERN ermittelt wurde? Wie den Lauf des Kosmos mit seinen unzähligen Galaxien beschreiben, wie ihn später die Astronomen tatsächlich bestätigen, jedenfalls soweit wie die Astrophysik heute vorgedrungen ist.

In dem Buch „Vom Urknall zur Gottesprophetie" (12) wurde auf Lorbers Werk ausführlich eingegangen. Hier soll nur seine Prophetie für künftiges Geschehen auf der Erde erwähnt werden, wie vorn bereits teilweise geschehen. Die von Lorber angekündigte „Endzeit" hat offenbar mit den beiden Weltkriegen begonnen. Die von ihm so bezeichnete Unterdrückung und Verfolgung des freien Geistes, erleben wir heute (2023) in zahlreichen Ländern der Erde. Russland, China, Iran, Belarus, Nordkorea, Syrien, um die mit den brutalsten Menschenrechtsverletzungen zu nennen. Jegliche Opposition wird unterdrückt. Wer nur ein Wort sagt gegen die Machthaber wird inhaftiert, gefoltert, Arbeitslager, oft hingerichtet. In den vergangenen zwei Monaten Januar und Februar sollen nach Angaben von Menschenrechtsorganisationen allein im Iran 100 Menschen hingerichtet worden sein. Nur in China soll diese Quote noch höher sein. Was für eine Welt!

Vor einem Jahr ließ der russische Präsident Putin sein Militär in die Ukraine einmarschieren. Gezielt gingen sie auf Kiew zu. In einem Handstreich sollte die prowestliche Regierung dort entfernt werden. Dieser Streich misslang. Seitdem tobt der Krieg im Osten der Ukraine und wird immer brutaler. Sechs Millionen

Menschen seien schon aus dem Land gen Westen geflüchtet. Wie viele Soldaten und Zivilisten bereits umgekommen sind, lässt sich nicht sagen, zigtausende!

Die von Lorber so bezeichnete „Endzeit" ist nicht gleich zu setzen mit dem Weltuntergang. Die bevorstehenden Umwälzungen sollen aber eine unvorstellbare Trübsal über die Menschen bringen und das Ende des jetzigen technischen Zeitalters herbeiführen. „... *große und allgemeine Not, Elend und Trübsal, wie die Erde eine größere noch nie gesehen hat... Ein Volk erhebt sich wider das andere und wird es bekriegen mit Feuerwaffen.*" „*Es werden entstehen übermäßige Teuerungen, Hungersnöte, viele böse Krankheiten, Seuchen und Pestilenz bei Menschen, Tieren und Pflanzen. Auch werden kommen große Stürme, Erdbeben...*" (Große Offb. 9 des Joh. Bd. III, S. 185)

Die Ursachen für das alles sah Lorber in einem „ungöttlichen Leben" der Menschen. „*Einer wird sich gegen den anderen erheben und das materialistische Denken strebt einem Höhepunkt zu.*" Ohne dass es von Lorber namentlich so benannt wurde, ist offensichtlich das Kausalgesetz von Ursache und Wirkung damit gemeint.

Über Erdbeben globalen Ausmaßes hat sich weit umfangreicher das amerikanische Schlafwunder Edgar Cayce in seinen Prophezeiungen geäußert. Die meisten seiner Vorhersagen haben sich bewahrheitet.

So hatte er beispielsweise Beginn und Ende beider Weltkriege richtig vorausgesagt. Der weit überwiegende Teil seiner Tätigkeit befasste sich mit Erkrankungen von Menschen. Dort, wo Ärzte an ihre Grenzen stießen und nicht mehr weiter wussten, kamen sie zu Cayce. Seine Gabe hatte sich herumgesprochen. Die Diagnosen und Therapien stellte er ausschließlich in Tieftrance. Sie erwiesen sich stets als zutreffend und brachten in den meisten Fällen Heilung oder Linderung. Die persönliche Anwesenheit der Patienten war dazu nicht erforderlich. Die Angabe von Name und Wohnort genügte.

Zwei Mal wurde er wegen unerlaubter Ausübung des Arztberufes verhaftet. Doch da es immer die Ärzte selbst waren, die zu ihm kamen, konnte man ihm nichts anhaben. Eine hier wirkende „höhere Macht" wollten die meisten Ärzte nicht anerkennen. „Wie kann dieser Mann mit seiner einfachen Schulbildung es besser können als wir mit unserem studierten Wissen?"

Cayce sagte das Wiederauftauchen des sagenumwobenen Atlantis im Atlantik voraus bei gleichzeitiger Überflutung großer anderer Küstengebiete. „Die Meere suchen sich neue Becken." In Sekundenschnelle würden große Teile Japans versinken.

Auch die bekannte schweizer Seherin Silvia Wallimann sah kommende Katastrophen voraus. In einem ihrer Bücher schreibt sie von einer „notwendigen Reinigung", die die Erde dadurch erfahren werde.

Bei einer tieferen Beschäftigung mit medialen Kundgaben offenbart sich hier eine große Bandbreite von Möglichkeiten. Vom niedersten Spiritismus bis zu Kundgaben aus höchsten Quellen ist alles vorhanden. Bei Greber ist alles beschrieben. Eindringlich sind seine Warnungen vor dem niederen Spiritismus. Die sich hier mitteilenden Geister haben nur Böses im Sinn. Sie verführen Menschen zu bösem Tun. Nicht selten nisten sie sich im Körper von Menschen so ein, dass die Seele des betreffenden austreten muss. Solche Menschen sind dann willenlose Werkzeuge des Bösen. Der Mensch selbst merkt es aber nicht und denkt, er handele aus seinem eigen freien Willen.

Bei echter Prophetie hingegen kann nicht mehr von medialen Kundgaben gesprochen werden. Hier haben stets hohe Geistwesen aus dem Reich Gottes das schwere Los der Menschwerdung auf sich genommen, um die Menschheit in die Wahrheit zu führen. So waren in vorchristlicher Zeit alle sieben Cherubim einmal als Propheten in Menschenkörpern einverleibt. Als bekanntester sei Jesaja genannt, in dem der Cherub der göttlichen Weisheit einverleibt war. Weil seine Botschaft dem Machtstreben der herrschenden Gewalt nicht passte, wurde er verfolgt. Seine Ermordung durch eben diese Gewalt wurde in der hebräischen Bibel verschwiegen, durch die Prophetie der Jetztzeit aber aufgedeckt. Was wir auf der Erde Mann und Frau nennen, ein Ehepaar, heißt im Reich Gottes Dualpaar. Das Geistdual des Cherubs der göttlichen Weisheit, der Seraph der göttlichen Weisheit, befindet sich seit 1933 im Erdenkleid unter den Menschen. Beide zusammen, Cherub und Seraph, haben von Gott den Auftrag übernommen, alle willigen Menschen in die Wahrheit zu führen bevor die veräußerlichte Welt vergeht. Sie, mit dem irdischen Namen Gabriele Wittek, wirkt seit etwa 50 Jahren als Gottes Posaune unter den Menschen und wird dabei von ihrem Dual aus dem Geiste her geführt, begleitet und beschützt. Als der prophetische Auftrag sich anbahnte, hatte der Mensch Gabriele sich zunächst dagegen gewehrt. Zu übermächtig erschien ihr die damit verbundene Bürde. Doch sie hatte keine Wahl. Als Geistwesen hatte sie bereits ihr Ja dazu gegeben.

Der schweizer Historiker Prof. Walter Nigg beschreibt das Wesen der wahren Prophetie und ihr schweres Los in beeindruckender Weise in seinem Buch „Prophetische Denker" (13). Es trifft erschreckend für die heutige Prophetie zu. Die ungeheuerlichen Angriffe auf die heutige Prophetie und auf den Menschen Gabriele Wittek seitens der Mächtigen in Staat und Religion sind geradezu ein Indiz für deren Echtheit.

Der Geist selbst sagt dazu:
„Wer es fassen kann, der fasse es.
Wer es lassen will, der lasse es."

Vor 2000 Jahren hatte sich Christus in dem Menschen Jesus einverleibt. Damit kam der höchste Prophet zu den Menschen. Das geschah zu einem kritischen Zeitpunkt. Heute ist wieder ein solcher kritischer Punkt erreicht und wieder inkarniert ein hohes Wesen, um die Menschen diesmal in „alle Wahrheit" zu führen, so wie es Jesus damals angekündigt hatte. Danach soll es keine weitere Prophetie mehr geben, weil es über die Fülle des heute gesagten hinaus, nichts Weiteres mehr zu sagen gibt. So ist das heutige Geschehen alles andere als ein Zufall. Es fügt sich in die vedische Ankündigung vom Ende der dunklen Zeit.

Wird nun mit deren Ende gleich das Lichtzeitalter beginnen?

Kein verantwortungsvoller Baumeister wird auf dem morschen Fundament einer Ruine einen Neubau errichten. Er wird das marode Fundament restlos beseitigen und dann neu gründen. Ebenso wird es mit dieser Welt geschehen. Die Erde wird von allem Weltlichen gründlich gereinigt werden, bevor das Neue, das von Jesaja vor 2800 Jahren angekündigte Friedensreich, entstehen kann. Aus dem, sich über Jahrhunderte hinziehenden Umwandlungsprozess wird die Erde gereinigt hervorgehen. Es heißt, sie werde

„angehoben", in eine höhere Schwingung versetzt, was nicht physikalisch zu verstehen ist. In diesem „neuen" Zustand könne sie nichts Niederes mehr tragen – auch keine schwer und schwerer belasteten Seelen. Für die ist dann keine Inkarnation mehr möglich, „das Tor geschlossen". Die Möglichkeiten einer schnellen weniger schmerzvollen Bereinigung von Seelenbelastungen in einem Erdenleben ist dann für sie vorbei. Dann heißt es ausschließlich „Abtragung" in den jenseitigen Sphären, was sehr viel schmerzhafter für die Seele sein soll und sich über ungleich längere Zeiträume hinziehen soll. Deshalb sagt der Geist auch die Erdenreise sei ein Gnadengeschenk Gottes – wenn der Mensch es als solches erkennt und entsprechend lebt.

Über das Friedensreich wird Christus die Herrschaft vom Geiste her übernehmen. Nur noch gering belastete lichtere Seelen werden zur Inkarnation kommen. Ein neues Menschentum entsteht, das biologisch nicht erklärbar ist – nur vom Geiste her.

Es wird auf der Erde keine Grenzen mehr geben und keine Kriege. Die Menschen werden nicht mehr unter schweren Erkrankungen leiden und ihre Plage um den Alltag wird von ihnen genommen, weil sie zuerst nach dem Reich Gottes streben. Es wird sein, wie es bei Jesaja heißt: „Das Kind liegt neben dem Löwen und spielt mit ihm."

Doch bevor das alles Wirklichkeit ist, wird die Erde geschüttelt werden. Derzeit, Februar 2023, erlebt die Türkei und Nordsyrien ein katastrophales Erdbeben mit über 50000 Toten. Das dürfte nichts sein gegenüber dem, was bevorsteht.

Unzählige Menschen haben die Sicht auf das Geistige verloren und sehen im Materiellen das einzig Wahre. So sieht er in seinem Körper sein wahres Leben und ist sich nicht der innenwohnenden unsterblichen Seele bewusst. Um diesen materiellen Körper zu erhalten, unternimmt er alles. Dabei versäumt er das Heil-Werden der Seele, als einzigen wahren Grund seiner Menschwerdung. Falsche Lehren haben ihn in die Irre geführt. Es heißt „Leben retten" um jeden Preis. Dabei dienen inzwischen die Körper von Verstorbenen, sogenannten „klinisch Toten" als Ersatzteillager für innere Organe. Es wird dafür geworben sich als Organspender registrieren zu lassen, um dadurch andere Leben zu retten. Welches Leben, muss hier gefragt werden? Welche Degeneration wahren geistigen Lebens! Immer noch gilt das Jesu-Wort bei Mt 16.26 „Was hülfe es dem Menschen, wenn er die ganze Welt gewänne und nähme doch Schaden an seiner Seele."

Wenn Ärzte keine Hirnströme mehr messen können, wird der Mensch für „klinisch tot" erklärt. Doch dieser Mensch ist nicht wirklich tot – wäre er es, dann wären seine Organe nicht mehr brauchbar. Das „Silberband" ist noch nicht gerissen, jenes geistige Band, das die Verbindung zwischen Seele und Körper herstellt. Unsäglich leiden die Menschen während ihre Leiber ausgeweidet werden – die Ärzte nennen es Organentnahme. Über das Silberband ist in „Das ist Mein Wort" einiges zu lesen, u. a. auf S. 634 ff „Die Auferstehung des Lazarus".

In seinem Werk „Das ist Mein Wort" stellt Christus heute (1989) klar, was sich vor 2000 Jahren wirklich ereignete, und was er wirklich lehrte. Ausführlich wird der Sinn einer Inkarnation der Seele im Menschkörper erläutert. Dabei wird das Gesetz von Ursache und Wirkung, auch Kausalgesetz genannt, so ausführlich dargelegt wie noch nie zuvor in der Menschheitsgeschichte. Er erfüllt damit, was er vor 2000 Jahren versprochen hatte: den Menschen in alle Wahrheit führen. Das heißt, es sollen keine Fragen mehr offen bleiben. Auch wird der heutige Mensch darüber belehrt, dass alle kommenden verheerenden Weltereignisse keine Strafe Gottes sind, sondern die Konsequenz, die sich aus dem Kausalgesetz ergibt, nach dem die Menschheit alle bisherigen Warnungen aus dem Himmel verlacht und in den Wind geschlagen hat.
Die Wirkungen werden mit aller Wucht über die Menschen kommen. Wie die aussehen, ist in seinem genannten Werk an einigen Stellen beschrieben.

Aus 5. Auflage, 2008 zitiere ich einige Stellen:

„Die Erde wird erzittern und sich auftun und viele Menschen verschlingen. Jedoch bevor dies alles geschieht, werden Krankheiten, Nöte, Schicksalsschläge und vieles mehr über die Menschen kommen. Der Engel des Todes geht einher und rafft immer mehr Menschen hinweg. Das Unreine wird vergehen. Die Meere werden über ihre Becken treten und alles Gegensätzliche zudecken, und die Gestirne werden mit ihren Strahlen die Erde reinigen. Dann ist zerbrochen das Schwert und alles Werkzeug des Krieges. Dann wird auf der ganzen Erde das Friedensreich entstehen, und auf der Erde werden Menschen leben, die Gottes Willen erfüllen. Und es wird Friede sein. Dann ist erfüllt, was geschrieben steht: „Der Löwe soll liegen bei dem Kalbe und der Leopard bei dem Zicklein und der Wolf bei dem Lamm und der Bär bei dem Esel und die Eule bei der Taube. Und ein Kind soll sie führen." (S. 101)

Weiter so auf S. 690:

„Bei mächtigen Erschütterungen im gesamten Sonnensystem werden die Planeten aus ihren Bahnen treten und sich vorerst noch in einem anderen Lauf um die derzeitige Sonne gruppieren. Auch der Mond wird eine andere Zuordnung erhalten, und er wird in ein anderes Gravitationsverhältnis zur Erde treten. Dadurch verändern sich auf der Erde Tag- und Nachtrhythmus, die Jahreszeiten und die Gezeiten. Bei diesen Ereignissen entsteht eine vorübergehende Verfinsterung der Sonne.

Mächtige Meteore werden auf die Erde fallen. Auch dadurch wird sich der Erdplanet entsprechend verändern. Die Meere werden sich andere Becken suchen. Die Hochgebirge werden vergehen; neue Höhen und Täler werden entstehen. Die Erde wird in ihrem Gesamtbild lieblicher werden.
Erkennet: Ich mache alles neu."

Auf S. 691 geht er auf die zahlreichen Warnungen ein durch die Propheten Gottes im Alten Bund sowie durch erleuchtete Männer und Frauen in den letzten 2000 Jahren. Sie alle warnten vor der eigenen unguten Saat, die eine entsprechende Wirkung nach sich ziehen würde. Eindeutig sprach er hier das Kausalgesetz von Ursache und Wirkung an. Weiter heißt es auf S. 691 wörtlich: *„Die Masse der Menschen lebte und lebt weiter in der Sünde und tanzte und tanzt weiter um ihr Goldenes Kalb: um ihr Ich, das nach Mein, Mir und Wohlleben trachtet. Die Mahnungen erfüllen sich. Die Menschheit steht in der sogenannten Endzeit."*

Und weiter aus S. 695:

„Erkennet: Diese Umwälzungen sind die Wirkungen von ebenso gewaltigen Ursachen, durch die das Gesetz von Saat und Ernte die Sünde von der Erde hinwegnimmt. Die Menschen in tiefer Sünde werden auf der Erden dann keine Bleibe mehr haben – denn die Neue Zeit, die Zeit des Christus, erhebt sich aus den Trümmern und wird den neuen Himmel und die neue Erde bringen."

Vorn wurde darüber geschrieben, wie schon die ersten Fallkinder im Paradies (nicht das der Bibel) so eingetrübt waren, dass sie nicht mehr wussten, woher sie kamen und wer sie in Wirklichkeit waren.

Das ist so geblieben bis zur Menschwerdung, bis zum heutigen Tag. So sind die meisten Menschen der Ansicht, dass mit ihrer menschlichen Geburt in dieses Leben, ihr Leben seinen Anfang nahm. Sie wissen nichts mehr von früheren Existenzen, geschweige denn, wer sie ursprünglich waren – reine Geistwesen im Reich Gottes.

Menschen, die fest davon überzeugt sind, dass nicht existieren kann, was sie mit ihren physischen Sinnen nicht wahrnehmen und mit ihrem Verstand nicht begreifen können, sollte man nicht versuchen, vom Gegenteil zu überzeugen. Das ist zwecklos! Nachdem Gott allen den freien Willen geschenkt hat, steht auch ihnen zu zu glauben, was sie wollen, auch wenn dies objektiv noch so falsch sein mag. Gott weiß sie so zu führen, dass schließlich der Letzte die Heimreise antreten wird.

Oft sind es Schicksalsschläge oder schicksalhafte Begegnungen, die diesen Menschen über Leid die Türe öffnen für diese andere Wirklichkeit. Das sind keine leere Phrasen. Ich kenne Menschen, denen es so ergangen ist.

In seinem Buch „Jenseits von Materie" beschreibt Prof. Oliver Lazar, wie ihm durch schicksalhafte Ereignisse die Tür in jene andere Welt geöffnet wurde - ohne eigenes Zutun.

Weil das Kausalgesetz in Verbindung mit der Reinkarnation von zentraler Bedeutung für das Verstehen unserer menschlichen Existenz ist, sei abschließend beides noch einmal auf das Wesentlichste zusammengefasst.

Wie eine endlose Spirale dreht sich das Rad der Wiederverkörperung. Weil die Menschen die Wahrheit verworfen haben, finden ihre Seelen nicht heraus aus diesem Kreislauf. Fasst man alles bis jetzt bekannte Wissen um die Ursache der menschlichen Existenz zusammen, lässt sich folgendes sagen: Der Menschenkörper dient der unsterblichen Seele für die Zeit einer Erdenreise als Gefährt. Bei dem, was die Menschen Tod nennen, legt die Seele nur die vergängliche Hülle ab, ähnlich der Häutung einer Schlange. In der Kürze eines Erdenlebens liegen zwei große Chancen:

1. In einem Erdenleben können Seelenbelastungen getilgt werden, wozu es im Jenseits Äonen bedarf.
2. Die Abtragung der Seelenlast ist im Jenseits mit großem Seelenschmerz verbunden, für den es dort keine Linderung gibt (näheres hierzu in „Das ist Mein Wort" 5. Aufl. S. 470 ff).

Vor der Einverleibung werden Risiken und Chancen eines neuen Erdenlebens mit Gottes Helfern besprochen. Nur wenn die Seele ihr Ja dazu gibt, geht es erneut zur Erde. Der freie Wille wird geachtet. Die meisten Seelen sind aus Vorleben stark mit der Erde verbunden. Dadurch ist der Sog zur Erde hin meist stark. Tritt die Seele nun ins Fleisch, ist alles Vorwissen aus gutem Grund abgedeckt. In „Das Evangelium

Jesu", sagt Jesus dazu: „Die Seele trinkt vom Wasser des Vergessens."

Der Mensch weiß nicht, wer er in Wahrheit ist. Damit er aber aus dieser Unwissenheit herausfindet, sandte der Ewige zu allen Zeiten seine Boten auf die Erde. Doch die wurden stets verfolgt, viele umgebracht. Ihre Lehren wurden verworfen. So blieb die Wahrheit verborgen und die Menschen wurden in die Irre geführt.

Wiederholte Einverleibungen sind zwar von Gott aus möglich, aber nicht gewünscht. Vielmehr wünscht er, dass der Mensch durch ein konsequentes Leben nach seinen Geboten und den Lehren des Jesus, aus dieser Spirale herausfindet, damit der derzeitige Erdenaufenthalt auch der letzte ist.

Es bedarf einer festen Ausrichtung auf das alles überragende Lebensziel. Das setzt zweierlei voraus:

1. Der Mensch muss um seine wahre Herkunft und den Sinn seines Menschseins wissen.

2. Er muss die geistigen Gesetze von Reinkarnation sowie Ursache-Wirkung kennen.

Erst wenn beides verinnerlicht, also zu einer festen, unerschütterlichen Überzeugung geworden ist, hat er ein klares Ziel, auf das er zuwandern kann. Die Gewissheit, dass alle von ihm ausgehenden Lebensäußerungen – im Guten wie im Bösen – wieder auf ihn zurückfallen, werden sein Leben grundlegend verändern und aus dem Rad der Wiedergeburt herausführen.

Wie viele Menschen wissen um diese Zusammenhänge? Der Zustand dieser Welt gibt die Antwort auf diese Frage.

Im Ursache-Wirkung-Gesetz liegt Gottes unbestechliche Gerechtigkeit. Jedem wird genauestens das zugemessen, was er verursacht hat. Was wäre das für ein Gott, der dem einen aus purer Willkür schweres Leid zufügt, während ein anderer möglicherweise offenkundig boshafter Mensch lebenslang von allem Unglück und Leid verschont bleibt? Doch Gott lässt seiner nicht spotten. Alles muss zurückgezahlt werden, bis zum letzten Pfennig, heißt es. Die Antwort liegt in der Reinkarnation. Keinerlei Rolle spielt es dabei, welche Stellung der Betreffende unter den Menschen eingenommen hat. Nach dem Ablegen des materiellen Körpers kann der Reiche, der alles nur für sich hortete und im Luxus lebte, dann im Bettlergewand dastehen. Seine Seele könnte durchaus ein solches Gewand tragen. Für einen armen Bettler könnte es umgekehrt sein.

Wie offenbart wurde, werden alle Verschuldungen feinstens unterschieden, gemessen und gespeichert. An einem Beispiel sei es verdeutlicht. Nehmen wir dazu einen Krieg. Das Land hat ein Gesetz geschaffen, nach dem junge Menschen zum Wehr oder besser gesagt Kriegsdienst verpflichtet werden. Nach ihrem freien Willen wird dabei nicht gefragt. Bei Verweigerung droht in manchen Ländern der Tod. Im Nazi-Deutschland sollen mehr als 2000 Verweigerer durch das Fallbeil ermordet worden sein. In einem Krieg töten diese meist jungen Menschen den vermeintlichen Gegner. Die Haupttäter dieser Verbrechen – ein Krieg ist immer ein Verbrechen – sind aber diejenigen, die den Krieg ausgelöst und befürwortet haben. Ihre Schuld ist ungleich größer als die des kleinen Soldaten, auch wenn sie nie eine Waffe in der Hand hatten.

So wie schon beim Engelsturz werden die Hauptträdelsführer, die geistigen Brandstifter als Hauptverursacher, entsprechend gewogen und gemessen. Weniger hart die Mitläufer oder gar die, die gegen ihren Willen gezwungen werden.

Die Erfindung des Elektronenrechners hat dem Menschen ungeahnte Speichermöglichkeiten eröffnet. Sie sind ein Nichts gegen Gottes All-Speicher-System. Soviel nur zu dem Einwand von Materialisten, sie hätten Gottes Speichermöglichkeiten noch nie gesehen.

Die ganze materielle Schöpfung hatte nur eines zum Ziel: Durch die Menschwerdung der gefallenen Engel sollte diesen der Heimweg erleichtert, ja eigentlich erst möglich gemacht werden. Das war aber nur möglich durch die Abwendung von allem Bösen nach einem Leben gemäß Jesu Lehren.

Nun wurden aber alle Mahnungen aus dem Himmel über Jahrtausende hinweg in den Wind geschlagen und damit finden die Seelen nicht aus dem Rad der Wiederverkörperung heraus. Allenfalls gelingt es einer verschwindenden Minderheit.

Was machen Menschen mit einem Vorhaben, das sich trotz größter Anstrengungen nicht bewährt? Sie schaffen es wieder ab, weil alles andere Energieverschwendung wäre!

Ähnlich dürfte es dem Ewigen mit seinem Gnadengeschenk der Reinkarnation ergehen. Es zeigt nicht die erhoffte Wirkung und wird abgeschafft. So soll dieses Tor für weitere Einverleibungen schwer und schwerer belasteter Seelen im Laufe der Erdumwälzungen nach und nach geschlossen werden.

Doch für die Seelen, die alle Warnungen der heutigen Prophetie in den Wind schlagen, werden die künftigen, noch möglichen Einverleibungen auf einer brennenden Erde zu einer Hölle werden. So vernahm ich es.

Wie schwer es ist in allen Dingen Gottes Willen in letzter Konsequenz zu erfüllen, möchte ich an einem Beispiel verdeutlichen. Es wird allgemein als rechtens angesehen, wenn jemand in Notwehr einen Angreifer tötet, als letzte Möglichkeit zum eigenen Schutz. Das wird auch von weltlichen Gerichten so gesehen. Doch wie sieht es aus geistiger Sicht aus?

Von Jesu Gefangennahme im Garten Gethsemane ist bei Matthäus 26.51 und 52 folgendes überliefert: *„Und siehe, einer von denen, die bei Jesus waren, streckte die Hand aus und zog sein Schwert und schlug nach dem Knecht des Hohenpriesters und hieb ihm ein Ohr ab. Da sprach Jesus zu ihm: Stecke dein Schwert an seinen Ort! Denn wer das Schwert nimmt, der soll durchs Schwert umkommen."*

In „Das ist Mein Wort" sagt Christus dazu heute (1989) auf S. 853: *„Wer sich gegen seinen Nächsten rüstet, und sei es nur durch die Bejahung des Gegensätzlichen, der* *wird durch das, was er bejaht hat, umkommen oder darunter zu leiden haben.*" Er bestätigt damit seine Worte bei Matthäus. Gleichzeitig betont er aber auf S. 853 weiter, wer sein Fehlverhalten rechtzeitig erkennt, bereut und, wo es möglich ist, wiedergutmacht, der könne das Heil empfangen und müsse die Wirkung nicht tragen – oder nur einen Teil davon, das hänge vom Komplex der Schuld ab, so Christus weiter.

Ständig erleiden Menschen auf der Erde irgendwo einen gewaltsamen Tod, sei es durch Unfall oder Mord. Nach dem Gesetz von Ursache und Wirkung muss der Zufall ausgeschlossen werden. Die Betroffenen müssen in früheren Leben anderen etwas Gleiches zugefügt haben. Nun möchte ich den zweiten Fall, den Mord, etwas näher betrachten. Ich gerate in die Situation, wo jemand mir nach dem Leben trachtet. Nach meiner Überzeugung muss ich im Vorleben ähnliches getan haben. Nun trifft mich die Wirkung.

Mein freier Wille lässt mir jetzt zwei Möglichkeiten:

1. Entweder ich lasse es geschehen ohne selbst Gewalt anzuwenden. Dabei komme ich um. Meine Seelenschuld dürfte gelöscht sein. Die Schuld, die der andere auf sich geladen hat, ist eine Sache zwischen ihm und Gott.

2. Oder als Angegriffener handel ich nach dem bekannten Notwehr-Muster und erschlage den Gegner. Mit Sicherheit habe ich damit eine

neue Ursache geschaffen und bleibe an das Rad der Wiederverkörperung gebunden.

Die Aussage Jesus zu diesem Thema war eindeutig: „Stecke dein Schwert an seinen Ort". Das galt offensichtlich auch für den Fall, wenn man angegriffen wird. Als Jesus im Verhör vor Pilatus von dem Folterknecht geschlagen wurde, schlug er nicht zurück, sondern fragte ihn: „Warum schlägst du mich, was habe ich dir getan?" Folterknechte handeln nun mal nur auf Anweisung, auf Befehl. Sie töten auch auf Befehl. Das gehört zu ihrem Beruf. Sie stehen im Dienst des Bösen.

Im Falle einer Notwehr nicht zuzuschlagen, erleben wir wie eine Überforderung. Das erfordert eine feste Überzeugung und einen entschlossenen Willen sich so zu verhalten. Niemand weiß von sich im Voraus wirklich, ob in einer konkreten Situation ein solcher Vorsatz hält.

Die über 2000 Wehrdienstverweigerer im Nazi-Deutschland waren Helden. Sie wussten, was auf sie zu kam und blieben standhaft. Lieber selbst dieses Leben verlieren, als es anderen nehmen (später als Soldat). Welche innere Größe! Welche Elendsfiguren dagegen ihre Schlächter mit allen Hintermännern im Dienst des Fürsten der Unterwelt.

Diese Welt wird weitgehend beherrscht von dem Gesetz „Auge um Auge, Zahn um Zahn". So dreht sich das Rad der Wiederverkörperung wie eine Spirale ohne Ende.

Ein Paradebeispiel für diese nicht enden wollende Vergeltung bietet sich der Welt im Nahen Osten. Seit seiner Gründung im Jahre 1948 rumort es dort zwischen dem Staat Israel und seinen Nachbarn. Palästinenser beschießen Israel mit Raketen, was von dort prompt mit Bomben beantwortet wird. Ein Ende ist nicht absehbar.

Jesus setzte dem seine Lehre vom Erkennen, Bereuen, Bitten um Vergebung, Vergebung, Wiedergutmachung entgegen. Dann müssen nicht wie automatisch die gesetzten Ursachen zur Wirkung kommen, wie Christus es vorhin angedeutet hat. Dazu lehrt er heute in allen Einzelheiten den Weg der B e r e i n i g u n g.

Bereinigen soll heißen, die einst gesetzten Ursachen wieder in Ordnung zu bringen. Wie aber soll das geschehen, wenn wir uns an nichts erinnern, was wir in früheren Leben angestellt haben? Dieser Weg ist komplex. Für ihn gibt es keine einfache Formel oder ein Rezept nach dem sozusagen im Schnellgang verfahren werden könnte. Es erfordert den ganzen Menschen, sein ganzes Sinnen und Trachten. Deshalb kann darüber hier nichts weiter gesagt werden, nur auf Bücher verwiesen werden. Das bedeutendste: „Der innere Weg", Verlag Das Wort.

Mai 2023
Adam Fischer

Literatur

(1)   Werner Onken:
Modellversuche mit sozialpflichtigem
Boden und Geld

(2)   FG. Schwarz:
Das Experiment von Wörgl, Bern 1951

(3)   Karl-Heinz Deschner:
Kriminalgeschichte des Christentums

(4)   Oliver Lazar: Jenseits von Materie

(5)   Carl Wickland:
Dreißig Jahre unter den Toten

(6)   Das ist Mein Wort,
Verlag Das Wort, 5. Auflage, März 2008

(7)   Michael Behe: Darwin´s Blackbox

(8)   Walther Hinz:
Neue Erkenntnisses über die Schöpfung
Gottes

(9)   Ursache und Entstehung aller Krankheiten

(10) Johannes Greber:
Der Verkehr mit der Geisterwelt Gottes, seine
Gesetze und Zwecke

(11) Jakob Lorber:
Das große Evangelium des Johannes

(12) Adam Fischer:
Vom Urknall zur Gottesprophetie

(13) Walter Nigg: Prophetische Denker

Zeitfracht Medien GmbH
Ferdinand-Jühlke-Straße 7
99095 Erfurt, Deutschland
produktsicherheit@kolibri360.de